NOVAS MANEIRAS DE ENSINAR

NOVAS FORMAS DE APRENDER

SOBRE O AUTOR

Formado em Geografia. Mestre em Ciências Humanas e Especialista em Inteligências e Cognição. Professor da Universidade Sênior para a Terceira Idade. Membro consultor da Associação Internacional pelos Direitos da Criança Brincar, reconhecido pela UNESCO. Autor de mais de uma centena de livros didáticos e paradidáticos. Suas obras sobre temas educacionais foram também publicadas em países da América do Sul, América do Norte e da Europa. Atualmente é Coordenador Geral de Ensino de Graduação da Uni Sant'Anna em São Paulo e Diretor do Colégio Sant'Anna Global mantido pela mesma Instituição.

A636n   Antunes, Celso
            Novas maneiras de ensinar, novas formas de aprender / Celso Antunes.
    – Porto Alegre : Artmed, 2002.
            172 p. ; 17,5 cm.

            ISBN 978-85-7307-961-6

            1. Educação – Método de Investigação Educação. I. Título.

            CDU 37.012

Catalogação na publicação: Mônica Ballejo Canto – CRB 10/1023

NOVAS MANEIRAS DE ENSINAR
NOVAS FORMAS DE APRENDER

Celso Antunes

Reimpressão 2010

artmed®

2002

© Artmed Editora S.A., 2002

Design de capa: Flávio Wild

Assistente de design: Gustavo Demarchi

Preparação de originais: Elisângela Rosa dos Santos

Leitura final: Juliana dos Santos Padilha

Supervisão editorial: Mônica Ballejo Canto

Projeto gráfico e editoração eletrônica: TIPOS editoração eletrônica

Reservados todos os direitos de publicação, em língua portuguesa, à
ARTMED® EDITORA S.A.
Av. Jerônimo de Ornelas, 670 - Santana
90040-340 Porto Alegre RS
Fone (51) 3027-7000 Fax (51) 3027-7070

É proibida a duplicação ou reprodução deste volume, no todo ou em parte,
sob quaisquer formas ou por quaisquer meios (eletrônico, mecânico, gravação,
fotocópia, distribuição na Web e outros), sem permissão expressa da Editora.

SÃO PAULO
Av. Embaixador Macedo Soares, 10.735 - Pavilhão 5 - Cond. Espace Center
Vila Anastácio 05095-035 São Paulo SP
Fone (11) 3665-1100 Fax (11) 3667-1333

SAC 0800 703-3444

IMPRESSO NO BRASIL
PRINTED IN BRAZIL

SUMÁRIO

1 POR QUE UMA NOVA MANEIRA DE ENSINAR? 7
2 POR QUE UMA NOVA MANEIRA DE APRENDER? 11
3 O QUE É POSSÍVEL SABER SOBRE A APRENDIZAGEM? 15
4 EXISTEM NOVAS MANEIRAS DE APRENDER? 33
5 EXISTEM NOVAS MANEIRAS DE ENSINAR? 47
6 COMO "ENSINAR" CAPACIDADES? AS CAPACIDADES MOTORAS 51
7 COMO "ENSINAR" CAPACIDADES? AS CAPACIDADES EMOCIONAIS 61
8 COMO "ENSINAR" CAPACIDADES? AS CAPACIDADES COGNOSCITIVAS 69
9 COMO "ENSINAR" COMPETÊNCIAS? 91
10 COMO ESTIMULAR AS INTELIGÊNCIAS 113
11 CONTEÚDOS CURRICULARES E AS INTELIGÊNCIAS MÚLTIPLAS 125
12 À GUISA DE CONCLUSÃO 169
    REFERÊNCIAS BIBLIOGRÁFICAS 171

1

POR QUE UMA NOVA MANEIRA DE ENSINAR?

IMPOSSÍVEL ESCONDER OS INDÍCIOS DE UMA NOVA EDUCAÇÃO

Nunca se falou tanto em educação como agora. A quantidade de livros traduzidos e produzidos no país impressiona, assim como impressiona o número de pesquisas, tratados, dicionários e textos sobre ensino e aprendizagem. Além de publicações usuais, surgem outras formas e *e-books*, portais, revistas especializadas multiplicam-se na mesma proporção em que cresce o número de congressos e jornadas sobre temas educacionais, encontro com autores, simpósios e outros eventos. Nesse mesmo compasso, a Universidade de São Paulo, maior centro de pesquisas acadêmicas da América Latina, derruba paredes que separam seus cursos e isolam a produção de conhecimento e, através do Instituto de Estudos Avançados (IEA), cria uma rede de inteligência coletiva que, por meio de *softwares on-line*, permite a interação integral e múltipla entre estudantes de todas as idades, professores, profissionais do setor privado, ONGs diversas, escolas públicas e privadas, potencializando para todos, em toda parte, uma verdadeira "cidade do conhecimento". No extraordinário frenesi dessa agitação, é comum fecharmos os olhos para a realidade mais abrangente e simplesmente acreditar que "o país, finalmente, acordou".

Não há dúvida de que parece ter acordado e descoberto que na educação repousa toda a sua esperança de futuro, toda a sua perspectiva de sólido e irreversível crescimento. Mas isto é, em verdade, apenas um detalhe: o que de mais extraordinário está acontecendo é o surgimento, aqui e lá fora, de uma nova educação.

Não se trata de um singelo movimento como tantos outros que no passado ocorreram; não mais se repete o campo polêmico entre os pesquisadores acadêmicos ancorados em sua teses doutorais de relevantes fundamentos filosóficos e sólidos princípios epistemológicos, de um lado, e os "práticos" de outro, interessados em mostrar que Piaget, Gardner, Perrenoud, Vygotsky, Bruner, entre muitos outros, são bem mais palatáveis e traduzíveis para o cotidiano da sala de aula do que como antes se acreditava. O que realmente está acontecendo fixa-se muito além de polêmicas: a verdade é que está nascendo a nova educação, um novo sistema de se pensar a escola e de se definir a função do educador.

Não nos parece que essa nova educação deva ser olhada de uma maneira necessariamente maniqueísta; não surge para que seja rotulada simploriamente de "boa" ou de "má", mas isso acontece, como sempre aconteceu em todas as revoluções, evidenciando um misto de acertos e erros, surpresas e reabilitações, quedas e ascensões, mas sobretudo surpreendentes oscilações.

OS SINAIS SÃO CLARAMENTE PERCEPTÍVEIS

Negar a evidência dessa nova educação seria fechar os olhos para a internet, seria esquecer que o novo professor precisa antes transformar a informação que ministrá-la, seria negar a certeza de que os sistemas de ensino e portais eletrônicos substituíram os livros didáticos convencionais e seria fazer de conta que a presença do computador na sala de aula representa apenas um acréscimo de recurso, mais ou menos a mesma coisa que as salas de antigamente, com ou sem o mimeográfo tradicional.

Quer gostemos ou não da idéia, existem hoje mais de três milhões de computadores digitais ou *chips* para cada pessoa no planeta e cresce a cada dia a proporção de mais um para cada grupo de 13 seres humanos.[1] Acreditar que essa tecnologia possa desaparecer é tão ingênuo quanto supor que a educação não tenha que se adaptar rapidamente a mesma.

A internet expandiu-se à altíssima velocidade em toda parte, os telefones móveis vieram efetivamente para ficar, a globalização chegou até os cantos mais esquecidos do mundo, já não se discute mais a capacidade de se regenerar órgãos humanos, notícias sobre os alimentos e os seres transformados geneticamente já sofrem os desgastes jornalísticos da rotina e esses indícios de tecnologia ensinam que muda depressa a arquitetura, a medicina, o direito, a engenharia e qualquer outro ramo do conhecimento em que se atreva a pensar.

A onda de mudanças vulgariza a informação, quebra padrões de valores sobre igualdade e direitos sexuais, altera em profundidade a função tradicional da família e seu papel complementar na educação e precipita para a escola responsabilidades e papéis antes jamais sonhados. A revolução é real e manifesta-se simultaneamente em inúmeros níveis – seria tolice pensar que a educação simbolizaria uma ilha intocada pelas ondas fantásticas dessa colossal maré.

Algo novo está surgindo nesse "nosso velho mundo" e não se enquadra nos pressupostos convencionais e nos paradigmas que antes eram transmitidos de uma geração para outra. De fato, é um novo tempo, uma novíssima economia, uma nova civilização e não se trata, absolutamente, de pensar o que a educação pode fazer por ela, mas de buscar indícios de como essa nova civilização está mexendo nas entranhas do conhecimento, do ensinar e do aprender. Atualmente, por exemplo, já se discutem processos de manipulação genética das inteligências, da consciência e da memória, e não é nem um pouco difícil imaginar o que isso pode representar para uma escola ou para um professor que não descobria outro papel para seu ofício que o de acumular informações na mente de seus alunos.

EXISTE UM PONTO DE UNIÃO INTEGRANDO AS MÚLTIPLAS MUDANÇAS

Embora esse avanço mostre um leque extremamente amplo de diversidade, está na dependência do computador, da internet e da tecnologia digital. Nessa primeira fase de mudanças, a escola informatiza-se e a informática revoluciona o ensino, mas em bem pouco tempo a tendência se reverterá e o ensino revolucionará a informática. Vivemos um momento decisivo na educação, o qual não parece ser menos angustiante ou desesperador que teria parecido as ondas do Renascimento para o singelo morador das cidadelas da Idade Média.

Diante dessa revolução, como deve a escola agir? Quais procedimentos são esperados do professor? Como transformar informações em conhecimento? De que forma permitir a manifestação dos saberes através de múltiplas linguagens? Como fazer da tecnologia digital uma ferramenta de mudanças comportamentais? Como, enfim, permitir ao aluno o acúmulo de suas *capacidades*, o acesso à plenitude de suas *competências*, o estímulo a todas as suas *inteligências*?[2] É possível pensar que existam novas maneiras de aprender? O professor pode experimentar novas maneiras de ensinar?

Estas são questões de um novo tempo, são respostas para uma nova educação. Neste livro, tentaremos insinuar essas trilhas. Não temos a pretensão de ensinar nada a ninguém;

nosso limite é divulgar o que existe de novo. O professor pronto para essa nova educação, como antes, descobrirá seu caminho ao longo do próprio caminhar.

NOTAS

1. Esta informação e ainda outras importantes considerações foram extraídas de um excelente ensaio, de Alvin e Heidi Tofler, publicado em 21 de abril de 2001 no jornal *O Estado de São Paulo*, sob o título "Nova Economia? Ainda não viram nada...". Se esses números assustam, basta pensar que, ao acionarmos um carro, ligarmos o microondas ou apertarmos o botão de um elevador, estamos usando múltiplos recursos da computação, acionando todos esses computadores dos quais nos fala Tofler.

2. Podemos pensar que *capacidade* é o poder humano de receber, aceitar, apossar. Dessa maneira, nenhum professor pode ensinar um aluno a "ser capaz ou não ser", mas pode agir no sentido de ajudá-lo a tornar-se "mais capaz", fazendo-o "apossar-se" de procedimentos motores, cognitivos e emocionais. A *competência* pode ser percebida como a faculdade de mobilizar um conjunto de recursos cognitivos – como os saberes, as habilidades, as informações e a própria inteligência – para apreciar e solucionar de modo eficiente novas situações. O ser humano tem disponibilidade para ser "competente", mas é essencial a intervenção do educador para torná-lo proprietário de uma leitura compreensiva e do domínio sobre os signos numéricos, para a compreensão das artimanhas e falácias da linguagem e de seu meio social e para a mobilização de toda informação disponível, inclusive digital, para a sua transformação. Durante a escolaridade, aprende-se a ler, escrever, contar, explicar, resumir e assimilam-se conhecimentos de Língua Portuguesa, História, Ciências, Geografia e muitos outros componentes curriculares, porém a escola não demonstra preocupação em relacionar essas competências às situações da vida. Desenvolver competências significa fazer dos saberes escolares uma melhor maneira de viver e de se relacionar. Esses dois conceitos diferem do de inteligência. A *inteligência* é um potencial biopsicológico, uma capacidade para resolver problemas e também para criar produtos e idéias de aceitação social. Ao nascer, trazemos um espectro de inteligências construído por uma longa passagem evolucionista, mas o professor pode torná-las mais ativas, mais aguçadas, ampliando de forma extraordinária os equipamentos neuronais herdados.

2

POR QUE UMA NOVA MANEIRA DE APRENDER?

UMA REVOLUÇÃO NAS IDÉIAS SOBRE A APRENDIZAGEM

Diante da ausência de saúde de seu paciente, o médico tem direito a uma dúvida essencial: como curá-lo? É possível devolver-lhe integralmente a saúde? Existindo em seus saberes uma resposta positiva, sua ação é buscá-la com tenacidade e sem limites. Não parece ser muito diferente a essência da missão de um professor. Diante da ausência de saberes de seus alunos, todo professor tem direito a uma dúvida não menos essencial: como fazer meu aluno aprender? É possível aumentar seus conhecimentos, fazê-lo acessar ainda mais suas capacidades e suas inteligências? Existindo em sua prática uma resposta positiva, cabe a ele uma ação similar. Assim como o médico deve identificar na doença a inimiga a vencer, cabe ao professor ver na ignorância o desafio a superar.

Todavia, nem sempre para um mesmo problema existe uma idêntica solução. As causas da falência da saúde são bem mais conhecidas que o pleno domínio sobre como produzir a aprendizagem integral e, por seus meios e fins, a transformação da pessoa. Embora a mente faça parte do corpo, para muitas partes falidas deste já se conhece todos os remédios, ao passo que ainda há muito que se descobrir sobre como a mente aprende, como guarda o que conquistou e como utiliza esses saberes para resolver problemas de qualquer dimensão, de toda natureza. Assim, parece ser mais fácil perceber consenso médico sobre como "curar" um membro fraturado que consenso entre educadores, psicopedagogos e psicólogos sobre como fazer a mente aprender.

AUTORES E OBRAS

SIGMUND FREUD E A PSICANÁLISE

A perspectiva psicanalítica de aprendizagem, desenvolvida a partir de estudos e experimentos de Sigmund Freud, apresenta uma visão de humanidade que se ocupa das forças inconscientes, responsáveis pelo comportamento humano. Para Freud, a maneira como somos, como pensamos, como nos vemos e como nos comportamos é produto de uma relação entre *consciente* e *inconsciente*. Somos, dessa maneira, dirigidos por determinações que fogem de nossas intenções, por serem comandadas pelo nosso eu interior. É por esse motivo que não podemos sonhar o que queremos, e por que, com freqüência, nos pilhamos em atos falhos inconscientes.

O funcionamento intelectual do aluno, dessa maneira, é regido pela tensão entre o *princípio do prazer* e o *princípio da realidade*, isto é, pela busca inconsciente do prazer ilimitado e pelos limites da realização possível. Entre esses dois limites situa-se o estado de sua alucinação, verdadeira força motriz da criatividade, quando através de seus devaneios e pensamentos, realiza com vigor o que na prática não se ousa reivindicar e nem mesmo aos colegas mais íntimos confidencia-se. Em síntese, a perda do objeto da fantasia sonhada origina um sentimento de desejo restaurador dessa perda dentro e fora do ego e esse desejo é a base da sublimação. O aluno *sublima* essa ansiedade pelo prazer integral. A ação do professor é, justamente, a de canalizar essa energia criativa, dirigindo-a a uma causa meritória e original.

Assim, a tarefa da educação criativa seria a de buscar o equilíbrio entre a valorização do prazer e uma ação cooperativa e voluntária. Aprendendo a conviver, sabendo de que maneira ajudar aos demais, organizando-se em ações voluntárias para atender uma causa justa, o aluno estará aprendendo a dar voz ativa, ainda que simbólica, a seus sonhos e a seus devaneios. A criatividade é função da capacidade de sublimar e sublimar poderá ser a renúncia desse utópico prazer, substituído pela ação plausível, pelo voluntariado realizável, através de integral envolvimento em projetos consistentes de ação solidária. O melhor canal para conter a energia da sublimação é ajudar o aluno a construir seu mundo novo e essa construção pode estar em seu envolvimento integral em uma causa meritória bem-concebida, em sua participação social delineada e estruturada pela escola e que com sabedoria é conduzida por seus professores.

LEITURAS SUGERIDAS

ABERASTURY, A. *Psicanálise da criança*. Porto Alegre: Artmed, 1992.
BETTHELHEIM, B.; ZELAN, K. *Psicanálise da alfabetização*. Porto Alegre: Artmed, 1992.
DURKHEIM, E. *A evolução pedagógica*. Porto Alegre: Artmed, 1995.
FREUD, S. *Obras completas*. São Paulo: Imago, 1998. (CD-ROM)
HERMANN. *O que é psicanálise*. 3.ed. São Paulo: Brasiliense, 1983. (Coleção Primeiros Passos.)
PINGAUD, B. (Org.). *Freud. Documentos*. São Paulo: Editora Documentos, 1969.

A CADA DIA BRILHAM MAIS LUZES NA ESCURIDÃO DO TÚNEL

Até relativamente pouco tempo, a maior parte das abordagens sobre a aprendizagem amparava-se em *perspectivas psicanalíticas, comportamentalistas* ou *mesmo sociais*. Identificava-as a circunstância óbvia de que não era possível observar-se a mente humana no exato instante da sua "transformação" por aprendizagem, de que não se podia "fotografar" uma *sinapse*[1] no ato de sua ocorrência e assim o mecanismo da aprendizagem abrigava teorias, hipóteses e deduções, tendo como referência as maneiras como o educando reagia aos estímulos passados pelo educador.

O NASCIMENTO DE UMA NOVA CIÊNCIA: A CIÊNCIA COGNITIVA

Contudo, essa limitação já não acontece mais nos dias de hoje. Equipamentos avançados de tomografia cerebral, instrumentos de ponta sobre ressonâncias magnéticas, microcirurgias com intervenção no cérebro de pequenos animais e muitos outros meios já projetam imagens sobre como a mente aprende e, ainda que essas imagens sejam tímidas e difusas, já nos alentam sobre as luzes que acima mencionamos. É evidente que a extraordinária rapidez dessas mudanças torna rapidamente obsoletas descobertas recém-feitas, mas isso não parece ser relevante; afinal, o professor descobre seu caminho ao longo do próprio caminhar.

Enfatizamos antes que as revoluções caracterizam-se por acertos e erros, surpresas e reabilitações, quedas e ascensões, mas sobretudo por surpreendentes oscilações. São essas incertezas que os estudos sobre a mente humana enfrentam. As *ciências cognitivas*[2] abriram estradas admiráveis, porém não é possível discutir aprendizagem no contexto atual simplesmente desprezando algumas teorias essenciais e antigas, confirmadas pelos resultados que aí estão. Talvez da integração entre elas e das novas descobertas sobre "a dança dos neurônios" venha a resposta que o professor tanto almeja.

NOTAS

1. O termo *sinapse* é atribuído ao ponto de junção entre dois neurônios, por meio do qual a informação é transmitida de um neurônio a outro. As sinapses podem ser excitatórias ou inibitórias, predispondo mais ou menos intensamente o neurônio seguinte a excitar-se.

2. As ciências cognitivas constituem um campo de estudos interdisciplinar que se volta à compreensão da mente, do pensamento e das inteligências, englobando ramos da psicologia, filosofia, inteligência artificial, neurociência, lingüística e antropologia. Suas origens remontam à metade da década de 50, quando pesquisadores de diversas áreas passaram a desenvolver teorias sobre a mente, mas sobretudo a partir dos anos 90, quando o cérebro humano pode ser examinado em plena ação em pacientes vivos.

3

O QUE É POSSÍVEL SABER SOBRE A APRENDIZAGEM?

NÃO EXISTE UMA ÚNICA MANEIRA DE APRENDER

Ainda não sabemos todos os processos usados pela mente para aprender, mas sabemos que existem alguns. A maneira como uma criança "aprende" a engatinhar não é exatamente a mesma como, mais tarde, aprende a lidar com suas emoções ou a usar o computador. Entretanto, não há dúvida de que existem diferentes processos de aprendizagem e de que é importante que todo professor conheça-os bem. Distancia-se do perfil de hoje o professor apenas preocupado com os fundamentos e os conteúdos da disciplina que leciona; conhecê-los, evidentemente, é importantíssimo, mas compreender a maneira como a mente opera o conhecimento e assimila-o é primordial.

O PAPEL DA EXPERIÊNCIA

Para que possamos aprofundar uma discussão sobre como se aprende, é essencial que antes se conceitue *aprendizagem*, a qual pode ser definida como uma mudança relativamente permanente no comportamento que resulta da experiência.

Uma criança, ao nascer, não aprende a chorar e nem mesmo a mamar; choro e sucção provavelmente constituem reflexos comuns em todos os mamíferos, mas quando o bebê "usa o choro" para manter sua mãe próxima, ou pára de mamar porque já está satisfeito, esses reflexos transformaram-se em comportamentos e estes sim são apreendidos. Esse bebê nasceu, como quase todos, com a habilidade para aprender, porém sua aprendizagem ocorreu somente através da experiência.

A IMPORTÂNCIA DO AMBIENTE

Percebe-se, pelo exemplo citado, que os bebês começam por avaliar o que seus sentidos – visão, audição, olfato, paladar, tato – lhes dizem, mas usam a mente para distinguir essas experiências sensoriais e fazer acréscimos ao repertório de seus reflexos.

A aprendizagem, assim, consolida-se pela "adaptação ao ambiente". Crianças pequenas, abandonadas por seus pais nas selvas ou em savanas, que conseguiram sobreviver entre lobos ou ursos, aprenderam a uivar, a correr sobre as mãos dianteiras e a imitar alguns comportamentos desses animais.

OS LIMITES DA MATURAÇÃO

Não é apenas o ambiente que é importante. Um bebê não falará, por mais estimulante que seja o ambiente em que ele crescer, antes que suas cordas vocais amadureçam o suficiente para formar sons verbais e que sua mente e seu sistema nervoso estejam suficientemente maduros para transformar ruídos em palavras, atribuindo-lhes significados. Da mesma forma que jamais aprenderá a andar enquanto os músculos de suas pernas não puderem sustentar o peso de seu corpo.

A aprendizagem jamais ocorre antes que algumas capacidades motoras, neurológicas ou sensoriais estejam aptas para isso. Percebe-se, assim, a importância da maturação, sempre presente na programação genética de todo bebê. Podemos sintetizar esse esquema dizendo que a maturação prepara o corpo e desperta a habilidade, e que o ambiente e a experiência consolidam as primeiras formas de aprendizagem.

AS DIFERENTES MANEIRAS DE APRENDER

A combinação entre esses elementos manifesta-se de maneiras diferentes, existindo assim diferentes maneiras de aprender. Uma das mais conhecidas é a *habituação*, mas a aprendizagem ocorre também por *condicionamentos clássicos e operantes*, *formação de comportamentos complexos* e até mesmo pela combinação entre essas diferentes maneiras.

APRENDIZAGEM POR HABITUAÇÃO

A habituação é o processo pelo qual a exposição repetida a um estímulo específico resulta em uma resposta a esse estímulo.

A criança habitua-se com o timbre da voz da mãe e aprende a reconhecer essa voz, diferenciando-a de outras. Por se constituir em uma forma extremamente simples de aprendizagem é muito usada pelo cérebro como recurso para conservar energia. Quanto mais "habituada" é uma pessoa a certos comportamentos, menos energia mental utiliza para desenvolvê-los. Como o cérebro é incapaz de prever o quanto será usado, prefere descansar "ligando o piloto automático" e economizando energia para desafios imprevisíveis.

O cérebro humano foi concebido para se ajustar a um mundo estável, em um ambiente no qual se auto-organiza e no qual os estímulos que chegam estabelecem-se em padrões. Uma vez formados esses esquemas, tudo o que o cérebro não desafiado gosta de fazer é reconhecer os padrões e seguir esse caminho, lidando rotineiramente com a complexidade do mundo. Mesmo adultos, se habituados a acender a luz ao entrar em um aposento, será bem possível que a habituação leve-nos a apagá-la se, por acidente, ficou acesa.

A habituação associa-se ao desenvolvimento normal do ser humano e sua falta nas fases de correspondente maturação pode sinalizar alguns distúrbios, como, por exemplo, a síndrome de Down. Para muitos pediatras, a velocidade da habituação revelada pela criança é vista como previsor de algumas inteligências, sobretudo espacial e lingüística.

APRENDIZAGEM POR CONDICIONAMENTO

A aprendizagem por condicionamento foi por muito tempo uma espécie de ícone do comportamentalismo que, por sua vez, enfatizava a importância do ambiente, sustentando que os seres humanos aprendiam exclusivamente reagindo a aspectos agradáveis, dolorosos ou ameaçadores de seus ambientes. Destacavam-se dois tipos básicos de aprendizagem: através do condicionamento clássico e do condicionamento operante.

O CONDICIONAMENTO CLÁSSICO

Embora fáceis de observar em nosso dia-a-dia ou na ação de nossos alunos em sala de aula ou, sobretudo, no pátio da escola, o mais tradicional exemplo de condicionamento clássico reporta-se à experiência do fisiologista russo Ivan Pavlov (1849-1936), que descobriu acidentalmente que os cães usados em suas experiências tinham aprendido a associar o som da campainha à comida. Em nosso dia-a-dia podemos assimilar ou produzir essa forma de aprendizagem ao aprender uma resposta a um estímulo que não era desencadeado, após associarmos o estímulo à resposta repetidas vezes.

Em inúmeras oportunidades, as pessoas aprendem a se condicionar a um som, um gesto, uma informação que desencadeiam comportamentos diversos, muitos de natureza emocional. Uma das mais tradicionais demonstrações de condicionamento clássico foi observada já em 1920 por Watson e Rayner, condicionando "Albert", de 11 meses, a ouvir um estridente ruído ao tentar tocar em um rato branco de laboratório, condicionando-a a se apavorar mais tarde diante de qualquer rato. Felizmente, os padrões éticos atuais reprovam experimentos como os desses cientistas. Mesmo adultos, é comum algumas vezes acionarmos o veículo parado no semáforo ao percebermos movimento no veículo da frente, mesmo que o sinal ainda permaneça fechado. Condicionamo-nos a acelerar ao ouvir e perceber a aceleração do outro.

O CONDICIONAMENTO OPERANTE

O condicionamento operante é uma continuidade do condicionamento clássico e manifesta-se pela forma de aprendizagem na qual uma resposta continua a ser emitida "porque foi reforçada". Quando o bebê sorri casualmente e desperta o entusiasmo em seus atônitos avós e pais, que o tiram do berço para afagos, pode aprender a sorrir toda vez que quiser ser retirado do berço ou receber manifestações explícitas de afeto. A palavra "operante" mostra que a pessoa – ou o animal – está "operando" sobre o ambiente que, é claro, inclui as pessoas. Nesse exemplo, o sorriso casual passou a ser operacionalizado.

Durante muito tempo, a aprendizagem através do condicionamento operante foi considerada a maneira mais importante de se aprender, cabendo ao psicólogo norte-americano B.F. Skinner (1904-1990) o privilégio de ter formulado pela primeira vez seus princípios básicos. Desenvolveu-se, então, todo um sistema de ensino apoiado nessa forma de aprendizagem e vendeu-se muito material escolar estruturado em perguntas e respostas, acompanhadas de um plástico colorido que destacava as corretas. Essas estariam, assim, sendo reforçadas e rapidamente aprendidas. Não se sabia, porém, por quanto tempo a mente guardava essas respostas reforçadas.

AUTORES E OBRAS

IVAN PAVLOV E A APRENDIZAGEM ATRAVÉS DO CONDICIONAMENTO CLÁSSICO

Toda vez que vovô chegava, Mariana colocava o CD com a música de Mozart com que presenteara o neto e este batia palmas, saudando o visitante. Qual não foi a surpresa de Mariana quando um dia, ao casualmente colocar o CD de Mozart, percebeu que seu pequeno batia palmas, certo de que o vovô chegara. O garoto de 10 meses aprendera a associar a música de Mozart à chegada do avô e seu reflexo condicionado de bater palmas ocorreu assim que ouviu a música, mesmo sendo executada sem querer.

O exemplo caracteriza bem a **aprendizagem por condicionamento clássico** e a explicação deve-se ao fisiologista russo **Ivan Pavlov** (1849-1936), que acidentalmente descobriu que os cães que alimentava haviam aprendido a associar o som de uma campainha à comida. A partir dessa descoberta, Pavlov realizou inúmeras experiências em que os cães eram levados a salivar ao som de uma campainha que era tocada quando se aproximava a hora da comida, confirmando a aprendizagem através do condicionamento clássico, modalidade de aprendizagem em que uma pessoa ou um animal aprende uma resposta a um estímulo que não era desencadeado, originalmente, mas que depois de repetidas vezes associado desencadeia a resposta.

LEITURAS SUGERIDAS

PAPALIA, D.E.; OLDS, S.W.; FELDMAN, R.D. *Desenvolvimento humano.* 7.ed. Porto Alegre: Artmed, 2000.

SKINNER. B. F. *A análise do comportamento.* São Paulo: Herder/Edusp, 1969.

> **AUTORES E OBRAS**
>
> ## B.F. SKINNER E A APRENDIZAGEM ATRAVÉS DO CONDICIONAMENTO OPERANTE
>
> O psicólogo norte-americano B.F. Skinner foi quem pela primeira vez formulou os princípios básicos da aprendizagem através do **condicionamento operante**. Afirmava que os mesmos princípios que determinam a aprendizagem de ratos e de pombos eram perfeitamente aplicáveis a seres humanos.
>
> Skinner acreditava que um organismo tendia a aprender e a repetir uma resposta reforçada e a suprimir e esquecer uma resposta que tivesse sido punida. Por exemplo: o bebê esconde seu rosto casualmente. Essa reação, puramente acidental, é reforçada por seus pais, que se empolgam quando brincam com ele, levando o bebê a aprender a esconder o rosto e fazê-lo reaparecer depois para atrair a atenção. A resposta, originalmente acidental, passa a ser uma aprendizagem e, portanto, praticada deliberadamente. Skinner falava ainda de **reforço positivo**, que consistia em uma recompensa, e em **reforço negativo**, que consistia em tirar alguma coisa de que o indivíduo não gosta. O reforço negativo foi confundido por muitos com a punição, porém são coisas bem diferentes. A punição suprime um comportamento ao trazer um evento aversivo, como um tapa na mão, enquanto o reforço negativo encoraja a repetição de um comportamento ao retirar algo desagradável.
>
> **LEITURAS SUGERIDAS**
>
> BAUM, W.M. *Compreender o behaviorismo*. Porto Alegre: Artmed, 1999.
> MILHOLLAN, F.; FORISHA, B.E. *Skinner x Rogers – Maneiras contrastantes de encarar educação*. São Paulo: Summus, 1978.
> SKINNER. B. F. *Tecnologia do ensino*. São Paulo: Herder/Edusp, 1972.
> ___. *A análise do comportamento*. São Paulo: Herder/Edusp, 1969.
> ___. *A boa vida (Walden II)*. São Paulo: Herder, 1948.

Skinner acreditava que todo aprendiz tende a repetir uma resposta reforçada e a suprimir uma resposta que tenha sido reprimida. No condicionamento operante, a conseqüência seguinte a um comportamento, denominada "reforço", aumenta a possibilidade de que ele se repita. O reforço pode ser positivo, constituindo-se em uma recompensa, prêmio ou elogio, mas também poderá ser negativo. As idéias de Skinner modelaram as de muitos pais e professores que confundiam reforço negativo com "punição" e assim se esculpiram estruturas disciplinares que algumas vezes faziam do lar um reformatório e da escola um quartel.

Os condicionamentos clássico e operante podem ocorrer separada ou simultaneamente e desencadear comportamentos extremamente complexos. Embora sejam válidos para se perceber a forma como alguns bebês aprendem, fragilizam-se para uso sistemático em sala de aula diante de novos estudos sobre o cérebro e a mente, bem como diante da popularização dos trabalhos de Jean Piaget e da perspectiva cognitiva de aprendizagem.

A APRENDIZAGEM SOCIAL

A teoria da aprendizagem social é uma extensão do comportamentalismo e apóia-se em pesquisas de Albert Bandura, nascido em 1925, professor da Universidade de Stanford. Segundo esses estudos, a aprendizagem de comportamentos sociais, sobretudo nas crianças, ocorre também com a imitação e a posterior incorporação de modelos. Nesse sentido, difere do comportamentalismo porque percebe a pessoa que aprende como contribuinte ativo de seu processo de aprendizagem, reconhecendo assim a influência cognitiva sobre o comportamento. Não nascemos, pois, "programados" para ser isto ou aquilo, mas para observar dos que nos cercam as estruturas de nossas ações. Para Bandura, os pais desempenham um papel especial, ainda que não exclusivo, no fornecimento de modelos, pois geralmente é a partir deles que a criança aprende a língua, desenvolve o senso moral, trabalha sua raiva e suas frustrações, aprende sobre o meio social e desenvolve sua auto-estima.

Essa teoria simultaneamente tranqüiliza e assusta. Tranqüiliza, na medida em que respeita a ação do ser humano sobre o ambiente que cria e oferece a certeza de que a maneira como pais, avós, colegas e professores pensam e praticam valores são fundamentos essenciais do desenvolvimento, porém assusta quando se percebe o vigoroso papel que a cada dia a televisão exerce sobre os lares, ao oferecer à criança modelos nem sempre coincidentes com a idéia de um amanhã melhor.

UMA CRÍTICA AO COMPORTAMENTALISMO E À TEORIA DA APRENDIZAGEM SOCIAL
Essas teorias foram úteis e são válidas em algumas dimensões, mas extremamente simplórias em outras. Além de apresentarem à psicologia uma linha mais "científica" de se pensar a educação, projetaram processos de modificação comportamental que podem ajudar sobretudo as crianças a aprender novos procedimentos ou mudar alguns outros e, principalmente, abriram caminho para a perspectiva cognitivista elaborada pelos estudos de Jean Piaget, tal como veremos.

No entanto, essas teorias não diretamente envolvidas com o estudo da mente, e a seu tempo sem meios para observar "ao vivo" como ocorrem as sinapses, voltavam-se mais para os efeitos que para as causas dos comportamentos e sugeriam como, através da punição, seria possível extirpar um comportamento indesejável, mas não como impedir que outro se instalasse em seu lugar. Reprimida por punições severas, a criança poderia deixar de pôr a mão no nariz e substituir esse comportamento, por exemplo, por outro em que praticasse furtos. Não literalmente, é claro, mas metaforicamente "atirava-se o bebê junto com a água da banheira". Já a teoria da aprendizagem social, ao reconhecer o papel ativo que as pessoas desempenham como agentes de sua própria aprendizagem e as influências cognitivas sobre o comportamento, anteciparam a perspectiva cognitivista. Felizmente, a Suíça deu-nos Piaget.

A PERSPECTIVA COGNITIVA E O PAPEL DE JEAN PIAGET
Esta perspectiva ocupa-se do desenvolvimento dos processos de pensamento da pessoa e distingue-se das demais por dois elementos: ensina que cada pessoa é *agente*, e não reagente, de seu próprio processo de aprendizagem e destaca a mudança *qualitativa* do pensamento ao longo da evolução biológica.

A maior parte do que atualmente se conhece sobre como uma criança pensa, aprende e usa o conhecimento deve-se à investigação desenvolvida por Piaget (1896-1980), autor de teorias relativamente complexas sobre os *estágios de desenvolvimento cognitivo*, sendo que para todas as pessoas cada estágio constrói-se a partir do anterior e transforma-se na estruturação do seguinte.

OS ESQUEMAS DE PENSAMENTO: DO CONCRETO AO ABSTRATO

Para Piaget, em cada estágio de desenvolvimento a pessoa vai construindo uma nova representação de mundo. Fazem parte dessas representações diversas estruturas cognitivas básicas as que chamou de "esquemas". Um esquema é constituído por um padrão organizado de comportamento que a pessoa usa para pensar e agir diante de uma situação. Assim, durante a infância, os esquemas destacam-se pelos comportamentos de sugar, morder, agitar os braços, etc. Com o crescimento e o desenvolvimento mental, esses esquemas transformam-se em padrões de pensamentos relacionados a comportamentos específicos mais complexos, indo do pensamento concreto – ver, ouvir, cheirar, sentir, provar – ao pensamento abstrato.

OS PRINCÍPIOS DO DESENVOLVIMENTO COGNITIVO: ASSIMILAÇÃO E ACOMODAÇÃO

Para Piaget, a inteligência – e, por conseguinte, a aprendizagem – é uma propriedade "universal" do ser humano, válida para qualquer pessoa que se desenvolve através de uma série de estágios sucessivos, qualitativamente diferentes, através dos quais aprende. Esses estágios são chamados de sensório-motor, pré-operatório, operatório-concreto e operatório-formal. Ao longo da passagem por esses estágios, a aprendizagem evolui da transformação de esquemas de conhecimentos simples e concretos para complexos e abstratos, sempre se manifestando através de dois momentos.

O primeiro identifica-se quando o indivíduo capta uma nova informação sobre o mundo, isto é, a *assimilação*, e o segundo quando muda o pensamento original de modo a incluir o novo conhecimento, isto é, a *acomodação*. A assimilação e a acomodação sempre se manifestam acompanhadas de três princípios herdados que se inter-relacionam: a *organização*, a *adaptação* e o *equilíbrio*.

A ORGANIZAÇÃO, A ADAPTAÇÃO E O EQUILÍBRIO

Imagine um bebê diante de seus olhos. Repare que evolui de estados independentes e instintivos – olhar, segurar, sugar – para sua *organização* em estados conectados, em um pensamento único: olha o objeto que segura e leva-o a boca para sugar. Observando esse mesmo bebê, percebe-se que sua *adaptação* a essa descoberta manifesta-se através de dois processos complementares: a assimilação seguida da acomodação.

O bebê "aprendeu" e, portanto, *assimilou* a nova experiência e sempre que recebe a mamadeira leva-a à boca, *acomodando-a*, isto é, incluindo-a em seu repertório de saberes. Podemos afirmar que nesse exemplo o bebê "aprendeu" a levar a mamadeira à boca, não mais tentando acertos e erros em suas futuras experiências com esse objeto e atingindo o que Piaget chamava de *equilíbrio*.

A aprendizagem da criança em seus primeiros estágios de vida manifesta-se sem a ação direta de terceiros; confirma-se, pois, ser a mesma a "agente exclusiva de seu processo de aprendizagem". Porém, com o passar dos anos, os pais ajudam essa criança, facilitando fundamentos de sua habituação e eventuais condicionamentos e, como se viu, até mesmo servindo-lhe ou proporcionando-lhe modelos sociais.

A APRENDIZAGEM NO ESTÁGIO PRÉ-OPERATÓRIO

As aprendizagens florescem com vigor entre dois e sete anos de idade, e por volta dos cinco anos as crianças já dominam com facilidade suas expressões, sabem quando falam de verdade ou contam "mentirinhas", dominam os primórdios de uma memória autobiográfica e podem construir e usufruir de situações que acreditam engraçadas. Sabem usar símbolos – palavras, notas musicais, números, sinais – em sua ação mental ou em sua relação com os outros e, se devidamente estimuladas, transitam com facilidade pelos conceitos de espaço, tempo e idade.

Dos dois aos sete anos de idade, vivem o que em sua teoria Piaget chamou de *estágio pré-operatório* e evoluem rapidamente na capacidade de representação mental de objetos, pessoas ou eventos "em sua ausência". Representar mentalmente um objeto ou pessoa ausente significa, em última análise, "pensar". Dessa maneira, podem pensar e desejar o doce que se lembram de ter visto em um comercial da televisão. Essa capacidade explica a característica mais importante nesse estágio, que é a *função simbólica* da aprendizagem. A criança que vê o brinquedo na televisão não vê o brinquedo concreto; vê um símbolo e associa-o ao presente que deseja. Essa condição permite o uso de novas fórmulas de pensamento e o surgimento do poder da criatividade.

Para a aprendizagem humana, esse estágio é um passo expressivo à frente do sensório-motor porque agora as crianças podem aprender não só agindo, mas também *refletindo* sobre sua ações. Embora Piaget acreditasse que nessa fase as crianças ainda não pudessem pensar logicamente, estudos mais recentes postulam que houve uma subestima dessa efetiva condição humana e, sobretudo, do entendimento que as crianças pequenas têm da linguagem. De qualquer forma, o pensamento pré-operatório possui sérias limitações e é importante que pais e professores as conheçam para não impor aos filhos ou aos alunos desafios de aprendizagem superiores à sua fase de percepção.

A criança pré-operatória, em linhas gerais, tende a "centralizar" uma situação, apresentando dificuldade para perceber o todo e não sendo capaz de refletir simultaneamente sobre diversos aspectos de uma situação. Além disso, sua lógica é limitada pela irreversibilidade, isto é, pela incapacidade de entender que uma ação ou operação pode tomar ambas as direções e que, por exemplo, podemos tanto narrar uma cena do começo para o fim quanto do fim para o começo. Por esse motivo, as crianças nessa fase pensam como se estivessem assistindo a uma desenho, tal como uma série de quadros distintos, apresentando dificuldade para abarcar o significado da transformação de um para outro quadro.

Também apresentam dificuldade para compreender a habilidade da dedução e são admiravelmente egocêntricas, acreditando-se ser o centro do universo. Revelam, assim, uma certa incapacidade de ver as coisas do ponto de vista do outro, circunstância que não implica necessariamente que sejam egoístas. Não poder ver as coisas segundo outro ponto de vista é uma atitude mental distante de não conceber a gratidão e a generosidade.

A APRENDIZAGEM NO ESTÁGIO OPERATÓRIO-CONCRETO

Por volta dos sete anos, a criança começa a perder algumas limitações de seus pensamentos e entra no estágio que Piaget definiu como *operatório-concreto*. Nessa fase, pode usar o pensamento para resolver problemas do cotidiano, lidar melhor com conceitos de grandeza, tempo e espaço, sabe diferenciar, com facilidade, a realidade da fantasia, classificar objetos, colocá-los em séries e reconhecer que certa quantidade permanece a mesma, embora a matéria seja rearranjada.

Entretanto, as crianças não podem pensar em termos hipotéticos e, por isso, revelam limitações sobre o que "poderia vir a ser" e "sobre o que não é". Essa fase é geralmente acompanhada de grande aprimoramento da memória, com expressivo aumento da memória de curta duração. Essa característica exige atenta intervenção por parte do professor. O crescimento do poder de memorização leva o aluno inconscientemente a buscar antes "decorar" que efetivamente atribuir significados, conquistando mais rapidamente esquemas mnemônicos que pensamentos reflexivos. Nesse período, está geralmente se iniciando no ensino fundamental e é de imprescindível importância conviver com professores que possam sempre priorizar a construção de significados em tudo que aprendem. Uma mesma sentença dita pelo professor pode ser facilmente "memorizada", passando a impressão de que a criança a tenha aprendido ou "incorporado" atribuindo-lhe um significado. Aprender não é "guardar", e sim "assumir".

Além disso, a desatenção a esse detalhe por parte dos pais ou dos professores pode levar o aluno a acreditar que a única maneira de aprender conteúdos escolares é pelo uso da aprendizagem mecânica que, como veremos adiante, deve ter uso restrito a algumas poucas circunstâncias. Nessa fase, a criança está pronta para compreender que as muitas linguagens que as diferentes inteligências promovem estão ao seu alcance e que, por exemplo, "escrever bem" é uma manifestação de pensamento que também pode ser expressa por compor uma música, desenhar ou pintar, comunicar uma idéia através de um gesto, ou sentir através das emoções.

A APRENDIZAGEM NO ESTÁGIO OPERATÓRIO-FORMAL

Com a chegada da adolescência ou com sua proximidade, surge a capacidade de pensar com abstrações, testar hipóteses e superar limitações. A mente humana finalmente amadureceu, está no ponto ideal quanto à plenitude de seus "equipamentos" neurológicos, e isso permite que o adolescente possa analisar criticamente doutrinas políticas e filosóficas, não raramente assumindo o desejo de, com suas próprias idéias, revolucionar a sociedade e construir um novo mundo. Já sabe manipular as significações e desenvolveu saudáveis hábitos de leitura, sabe usar palavras, metáforas e emoções para pensar abstratamente. Constrói, enfim, a consciência de sua singularidade e quase sempre, se estimulado, pode desenvolver uma nova maneira de encarar a vida. Está pronto para uma cuidadosa "alfabetização" emocional, refina suas inteligências inter e intrapessoais e, em alguns casos, sente alegria e desespero em nome de longos devaneios estimulados por sua inteligência existencial.

De acordo com Piaget, as mudanças desse estágio levam a pessoa à sua maturidade cognitiva. Seu cérebro já está inteiramente pronto, seu ambiente social quase sempre definido, dando-lhe oportunidade para desafios, ousadias e experimentos. Contudo, sabe-se que essa situação não é inteiramente programada pela biologia; os estímulos culturais e o encorajamento reflexivo não são apenas importantes, e sim imprescindíveis. A mente humana evoluiu através dos tempos geológicos e históricos porque soube economizar energia, e uma forma eficiente de economia é manter a rotina, aceitar que se pense por si próprio. É a alienação, a imitação, a aceitação de estereótipos, a adoção de modelos que iludem e fazem crer que são autênticos da pessoa.

É nessa fase que um acompanhamento atento e eficiente dos pais e dos professores pode fazer aflorar a criatividade, a ousadia e a originalidade ou, por omissão ou abandono, fazer surgir a mediocridade de se aplaudir o que os modelos aplaudem, amar o que os amigos amam. Nesse estágio, a vida é uma excitação constante e para o adolescente é importante descobrir novas sensações; porém, é essencial que saiba discernir *o que pensa* e *o que se pensa por ele*. Nos tempos atuais, a adolescência transformou-se em uma magnífica desculpa para o usufruto da "liberdade" sem a reflexão sobre seu verdadeiro sentido e seus limites. Muitas vezes, em nome do consumo, a mídia impõe a unanimidade alienada, o consenso irrefletido, a imoralalidade indolor.

O adolescente necessita de pais e de professores que possam mostrar com serenidade que, entre uma pessoa de convicção própria e um fanático, existe uma fronteira fácil de ser percebida: o respeito pela liberdade. O fanático assume a sua convicção com exasperada intolerância; impõe, fulmina, alicia em nome da liberdade. O adolescente definido e estruturado, ao contrário, reflete sobre suas idéias e sua certeza jamais o move a impor; antes o estimula a propor, a expor à liberdade de opinião dos outros os valores nos quais acredita dignos de consenso. Aprende que somente uma proposta dirigida à liberdade pode obter uma resposta verdadeiramente digna do ser humano.

ALGUMAS CRÍTICAS ÀS IDÉIAS DE PIAGET

Embora Piaget tenha desenvolvido um estudo abrangente e profundo e muito de suas idéias devam ser examinadas e aplicadas sem restrições, certos aspectos de seu trabalho merecem alguns reparos à luz do que atualmente se sabe.

As críticas mais intensas dirigem-se principalmente ao fato de ter subestimado as habilidades das crianças pequenas, transformando alguns erros infantis em testes que preparou em uma generalização quanto às suas habilidades e ao nível de suas inteligências.

AUTORES E OBRAS

O PIONEIRISMO DE JEAN PIAGET

Nascido na Suíça, Jean Piaget foi uma criança brilhante. Aos 10 anos, publicou seu primeiro trabalho científico sobre um papagaio albino que acompanhou em um parque e, mais ou menos com essa idade, começou a auxiliar o diretor de um museu de história natural onde aprendeu muito sobre a biologia dos moluscos.

Após cursar Biologia e concluir seu doutorado, iniciou em Paris seus estudos de psicanálise, psicologia e filosofia, fazendo interessante trabalho científico na padronização dos testes que Alfred Binet havia desenvolvido para avaliar a inteligência das crianças francesas. Através desse estudo, começou a desvendar os procedimentos infantis ao pensar, pesquisa que o levaria, anos mais tarde, a se tornar diretor de um instituto suíço para estudos de crianças e treinamento de professores. Da observação meticulosa de seus três filhos e de outras crianças, elaboraria sua teoria sobre o desenvolvimento cognitivo.

Até sua morte, aos 84 anos, Piaget continuou a pesquisar a inteligência e o pensamento e a escrever sobre suas idéias. No total, foram mais de 40 livros e mais de 100 artigos sobre psicologia da criança, educação, além de biologia e filosofia.

ESTÁGIOS DE DESENVOLVIMENTO COGNITIVO, SEGUNDO PIAGET

Sensório-motor (do nascimento até os dois anos): estágio em que o bebê passa de um ser que reage apenas por meio de reflexos para um ser capaz de organizar atividades sensoriais e motoras em relação ao ambiente. **Pré-operatório** (dos dois aos sete anos): estágio em que a criança desenvolve um sistema de representação e passa a usar símbolos, tais como letras ou números, palavras e grandezas, para representar lugares, eventos e pessoas. **Operatório-concreto** (dos sete aos doze anos): a criança é capaz de resolver problemas logicamente se enfocados no aqui e agora. **Operatório-formal** (dos doze anos em diante): a criança é capaz de pensar em termos abstratos, lidar com situações hipotéticas e pensar a respeito de possibilidades.

ORGANIZAÇÃO, ASSIMILAÇÃO E EQUILÍBRIO

Na terminologia de Piaget, *organização* é a tendência de criar sistemas que agrupam todo o conhecimento sobre o ambiente e o mundo. Ao nascer, por exemplo, Ico é semelhante a um animalzinho, reagindo apenas às exigências de seus instintos, mas com seu desenvolvimento mental vai, aos poucos, "organizando" suas ações.

Adaptação é o termo que Piaget emprega para descrever o modo como uma pessoa lida com uma informação nova. Compreende dois processos distintos, embora complementares: a *assimilação* e a *acomodação*. O olhar e o pegar que eram instintos diferentes *organizam-se* em uma ação única. A assimilação é a incorporação de um novo objeto, experiência ou conceito em estruturas cognitivas já existentes (agora Ico já pode olhar e segurar algo novo que lhe é apresentado). Junto com a assimilação surge a acomodação, mudança na estrutura cognitiva que inclui novas experiências (Ico já não age mais como um animalzinho; *assimilou* o olhar e o pegar, incorporou essa aprendizagem a novas situações e como já a *acomodou* mentalmente, não se esquecerá mais dela). A mudança da assimilação para a acomodação é promovida pela busca de um estado de *equilíbrio*, isto é, um esforço para concretizar a aprendizagem.

A FUNÇÃO SIMBÓLICA

Esta é uma habilidade descrita por Piaget para usar a representação mental demonstrada na linguagem, na brincadeira simbólica (quando um objeto passa a representar outro) ou imitação diferida (quando, depois de um certo tempo, a criança utiliza uma ação que observou).

LEITURAS SUGERIDAS

FERREIRO, E. *Atualidade de Jean Piaget*. Porto Alegre: Artmed, 2001.
KAMII, C.; DEVRIES, R. *A teoria de Piaget e a educação pré-escolar*. Porto Alegre: Artmed, 1990.
PETERSON, R.; FELTON-COLLINS, V. *Manual piagetiano para professores e pais*. Porto Alegre: Artmed, 2002.
PIAJET, J. *Abstração reflexionante*. Porto Alegre: Artmed, 1995.
PIAGET, J.; INHELDER. *A representação do espaço na criança*. Porto Alegre: Artmed.

Essas falhas provavelmente ocorreram não por imaturidade em seus processos de pensamento, como pretendia Piaget, mas pela inadequação da linguagem ou da natureza da experiência. Estudos atuais, por exemplo, mostram pontos críticos na visão piagetiana quanto à descentralização; há provas recentes de que mesmo crianças no estágio pré-operacional podem considerar mais de um ponto de vista ao mesmo tempo, desde que lhes forneçam testes que reflitam uma atividade da qual tenham participado anteriormente.

Além disso, Bruner também critica Piaget, lembrando que os seus estágios de desenvolvimento cognitivo na verdade não se sobrepõem e a chegada de um não implica a falência do anterior. Além disso, demonstra que conservamos os três estágios cognitivos, com intensidade diferente, em todas as etapas da vida. O desenvolvimento "automático", como previa Piaget para cada um de seus estágios, não era tão espontâneo quanto se pensava, realçando a importância da cultura e o valor de estímulos muitas vezes explorados através de jogos e recursos materiais. Hoje discute-se a evolução do ser humano pelos estágios previstos, independentemente de suas condições ambiente, e indaga-se se a criança de seis ou sete anos que cresceu na miséria material e cultural e é prisioneira de estímulos apresenta uma mente com a mesma prontidão que outra, cercada de interesses, que cresceu em ambiente altamente excitador.

Além disso, o enfoque de Piaget centralizava-se exclusivamente no desempenho verbal e lógico-matemático, não abordando o desenvolvimento em outros campos – mais tarde tratados por inteligências – que caracterizam a diversidade entre as pessoas e as maneiras pelas quais a ação de terceiros pode influenciar a aprendizagem.

A teoria não-universal de David Feldman propõe que existem muitos domínios de atividades que não são comuns a todas as crianças, demonstrando impropriedade nas generalizações, ou seja, na "universalização", defendida pelo grande mestre suíço.

A APRENDIZAGEM ESCOLAR

O ensinamento desenvolvido pelos pais e a aprendizagem construída pelos filhos possuem limites e, para superá-los, as crianças são levadas à escola, onde devem alcançar o acesso a aspectos essenciais da cultura, importante fator para o seu desenvolvimento social. As escolas e os professores também existem porque é nelas e principalmente com eles que se aprende.

AUTORES E OBRAS

AUTORES, SALA DE AULA E CONCEPÇÃO CONSTRUTIVA

De tal forma a concepção construtivista de aprendizagem alcançou o discurso do professor brasileiro anos atrás, que não ser construtivista significava no mínimo ser retrógrado ou praticante confesso de pecado capital. Mas, embora muito se tenha falado de construtivismo, na verdade nem tanto assim se fez.

Em seu sentido estrito o construtivismo não é uma teoria e muito menos um método de ensino, melhor seria percebê-lo como um referencial explicativo que, partindo da consideração social da educação, integra contribuições diversas em torno de alguns pontos comuns, em sua maioria já refletidos e explicados por Jean Piaget. Se construtivismo não é uma teoria e nem um método de ensino, para que serve então? Qual seu valor para o cotidiano do professor na educação infantil ao ensino médio?

O construtivismo, entre outras referências úteis, representa intrigante instrumento para a análise de situações educativas diversas e seus pontos de referência são, inegavelmente, ferramentas úteis para se pensar a aprendizagem, a inteligência e sua evolução, o planejamento e a avaliação do ensino. Convenhamos, não é pouco.

Mas, quais seriam esses pontos de referência?

Entre outros, para uma concepção construtivista, aprender contribui para o crescimento pessoal porque quem verdadeiramente aprende não copia ou reproduz a realidade, antes aprende quando é capaz de elaborar uma representação pessoal sobre um objeto da realidade ou conteúdo que busca conhecer. Essa elaboração implica uma aproximação entre o ser e o objeto, com a finalidade explícita de apreendê-lo, anexando o que este objeto possui às experiências, interesses e conhecimentos do ser que se aproximou do objeto.

Assim, quem na verdade aprende, aprende porque seus significados se aproximam de algo que parece novo, mas que em verdade pode ser interpretado com os significados que se possui. Se isso não se der, surgirá um desafio que se buscará responder modificando os significados dos quais já se está provido. Nesse processo, quem aprende não só modifica o que já possuía, mas também interpreta o novo de forma peculiar, aprendendo-o. Ao ocorrer tal processo, a pessoa aprende, construindo um significado próprio e pessoal e sendo, pois, um agente pessoal de sua transformação social.

Em quais momentos da evolução biológica ocorre essa atribuição de significação ao novo, essa forma de se pensar e aprender significativamente?

Piaget, Bruner e Vygotsky concordam em um ponto quanto ao desenvolvimento do pensamento da criança: ele se manifesta através de estágios diferenciados. Porém discordam na essência da passagem de um estágio para outro.

Piaget e Vygotsky, ainda que usando nomenclaturas diferentes, pensavam que a chegada de um estágio implicava o término do anterior e, dessa forma, o pensamento progredia; já o psicólogo norte-americano Jerome Bruner, em diversas obras, sugere que todas as crianças conquistam novos estágios sem a necessária perda dos anteriores até conquistarem o nível de pensamento amadurecido. Com nomes diferentes dos que atribuiu Piaget – encenativo, icônico e simbólico –, Bruner demonstra que conservamos os três estágios e deles nos utilizamos por toda a vida, não ocorrendo, portanto, o "progresso" de um para outro.

LEITURAS SUGERIDAS

BAQUERO, R. *Vygotsky e a aprendizagem escolar*. Porto Alegre: Artmed, 1998.
BROOKS, J.G.; BROKS, M.G. *O construtivismo em sala de aula*. Porto Alegre: Artmed, 1997.
BRUNER, J. *Atos de significação*. Porto Alegre: Artmed, 1997.
COLL, C. *Aprendizagem escolar e construção do conhecimento*. Porto Alegre: Artmed, 1994.
COLL, C. et al. *O construtivismo na sala de aula*. São Paulo: Ática, 1998.
FOSNOT, C. *Construtivismo – teoria, perspectiva e prática pedagógica*. Porto Alegre: Artmed, 1998.
PETERSON, R.; FELTON-COLLINS, V. *Manual piagetiano para professores e pais*. Porto Alegre: Artmed, 2002.

No entanto, aprender em sala de aula não é apenas copiar ou reproduzir a realidade, eleger modelos e conquistar novas habituações e novos condicionamentos. A verdadeira aprendizagem escolar deve sempre buscar desafiar o aprendiz a ser capaz de elaborar uma representação pessoal sobre um objeto da realidade ou conteúdo que pretende aprender. Enfim, deve ser capaz de construir significados.

A CONSTRUÇÃO DE SIGNIFICADOS

Se o aluno ouve que "a capital do Paraná é Curitiba" e passa a reproduzir essa afirmação de maneira mecânica, tal como faria um papagaio ou um gravador, na verdade nada "aprendeu", posto que nada de novo construiu. Aprender na escola significa elaborar uma representação pessoal desse conteúdo, aproximando-se do mesmo com a finalidade de torná-lo próprio e, assim, transformá-lo.

Não se trata, evidentemente, de uma apropriação a partir do nada, mas a partir de experiências, interesses e conhecimentos prévios que possam dar sentido a essa aproximação. Ouvir em sala de aula, por exemplo, que "Curitiba é capital do Paraná" ou será recebida como frase sem sentido e, por esse motivo, jamais apreendida, ou ganhará sentido porque esse aprendiz possui alguns saberes sobre o que é uma cidade, uma capital, já experimentou e aplicou diversas vezes o verbo "ser" em seu relacionamento com os outros e as coisas, sabe que os países possuem divisões administrativas e que a sede desses poderes é uma capital. Ao "apropriar-se" do conteúdo da afirmação e "associar ou acomodar" aos seus saberes, é possível apreender que realmente os Estados brasileiros precisam ter uma capital e que Curitiba é o nome de uma delas. Nesse processo, não só modificou o que já possuía, como também interpretou o novo de forma peculiar, apropriando-se do mesmo. O aluno "organizou" a informação recebida, "assimilou-a", incorporou-a aos seus saberes, "acomodando-a", e alcançou um estado de equilíbrio que o desafio da informação inicial propôs.

Quando ocorrem esses movimentos na estrutura cognitiva de um aluno, dizemos que *aprendeu significativamente*, construindo um sentido próprio e pessoal para um objeto do conhecimento já existente.

Desse modo, torna-se evidente que os saberes não se acumulam, não constituem um estoque que se agrega à mente, e sim há a transformação da integração, da modificação,

PARA REFLETIR

ICO E KIKA – ENSINAMENTOS DE JEAN PIAGET

Qual a diferença real entre Ico e Kika? Ico é um adorável bebê de dois meses, fofo, bonzinho, uma paixão. Kika é uma cachorrinha, da mesma idade, linda e muito alegre. Excluindo as diferenças das espécies e as considerações que possamos eventualmente fazer sobre as mesmas, Ico e Kika são extremamente parecidos e cerebralmente quase iguais. Possuem uma vida por assim dizer vegetativa e vivem pela satisfação de algumas necessidades básicas.

Porém, existem diferenças imensas entre os dois. Kika caminhará pela a vida afora não muito diferente do que atualmente é. Jamais aprenderá sobre si mesma e sobre a circunstância de sua vida. Não sabe que é Kika, ainda que seus ouvidos respondam a esse e a sons análogos, sua vontade será sempre instintiva e jamais diferenciará o ontem do amanhã. Ico, ao contrário, pouco a pouco vai afastando-se desse modo de viver vegetal, as constelações de neurônios de seu cérebro vão formando uma indescritível árvore com admiráveis ramagens e sua mente vai passando por fantásticas mudanças, sobretudo se não lhe faltar os "alimentos" essenciais para sua saúde corporal e afeto emocional. Necessitará – e como! – de boa alimentação e de um oceano inteiro de carinho sem mimos, ternura que abriga o "não" e afeto que expliquem a dimensão dos limites do "pode" e do "não pode".

O tempo, que parecerá sempre o mesmo para Kika, mudará pouco a pouco e sempre para Ico. A organização dessa "árvore" maravilhosa da mente esculpe diferentes potenciais e, assim, as inteligências de Ico vão crescendo e organizando-se. Um sinal luminoso que mostra essas mudanças é percebido pelas ações de Ico, respondendo aos pais e avós, tios e amigos por sorrisos, imitações, movimentos e manha, muita manha.

Por volta dos sete anos, Kika já é uma cachorrinha "balzaquiana", provavelmente já se tornou mãe algumas vezes, mas continua e continuará para sempre sem o ontem ou o amanhã. Nessa mesma faixa de idade, as ações de Ico começam a ganhar contorno de operações, isto é, ações mais complexas, mais elaboradas e muito mais matreiras.

O engraçado é que, nessa idade, Ico mostra-se incrivelmente concreto, literalmente preso ao real. Nunca constrói uma hipótese e é um pequenino "São Tomé" que só crê no que vê. Esse período na vida de Ico, entretanto, é transitório. Nessa fase, necessita brincar, sorrir, cantar e abrir todas as linguagens de seu mundo de encantamento, todas as inteligências desse cérebro em construção. A educação infantil, quem duvida?, é tudo. O resto é quase nada.

Pouco a pouco, Ico vai descobrindo raciocínios mais organizados, e o mundo real e concreto vai aos poucos incorporando o mundo possível.

Contudo, essa transição somente se completará por volta dos onze anos, quando Ico terá um mundo de sonhos, cavalgará o alazão do imaginário, vivenciará devaneios e hipóteses. Nessa fase, construirá teorias, ficará "metido", criticará pessoas e eventos, proporá mudanças na realidade e descobrirá o fantástico. Nessa hora, precisará de pais e professores que o façam ver a realidade das coisas e da vida, da matemática e da geografia, do saber inventado e do saber estruturado através das múltiplas operações do pensamento que, necessariamente, incluirão o processo de sintetizar, classificar, comparar, conceituar, deduzir, julgar, provar, imaginar, transferir entre outras operações abstratas essenciais ao crescimento sereno. É desnecessário lembrar que, já velhinha, Kika será o que sempre foi.

Pensarão alguns que pensamos e falamos de Ico e de Kika. Falamos sim, mas fazemos nossas, as palavras de um velhinho simpático chamado Piaget, explicando em sua teoria desenvolvimentista os três formidáveis momentos do crescimento humano: o sensório-motor, o das operações concretas, por volta dos seis anos, e o momento definitivo das operações abstratas, por volta dos dez a doze anos.

Kika desejará rotineiramente pela vida inteira os mesmos afetos e comidas para abrandar as necessidades de suas sensações e movimentos. E quanto a Ico?

Sonhará, não por certo, com professores que de maneira benevolente transmitam-lhe os conhecimentos que possui, mas por mestres verdadeiros que possam intermediar suas ações sobre os objetos do mundo, suas categorias de pensamento e a permanente reconstrução do que aprende e reaprende.

do estabelecimento de relações e da coordenação entre esquemas de conhecimento que já possuíamos, em novos vínculos e relações a cada nova aprendizagem conquistada.

CONSTRUINDO SIGNIFICADOS COM CONTEÚDOS CURRICULARES

Na escola, a atividade mental que consiste em aprender de maneira significativa ou elaborar uma representação pessoal sobre um objeto do conhecimento adquire características peculiares. O aluno não vai à escola apenas para aprender a aprender, mas também para "aprender conteúdos curriculares já elaborados que fazem parte da cultura e do conhecimento", o que faz com que a construção dos alunos seja peculiar. Dessa forma, novos saberes são construídos sobre algo que já existe, circunstância que não impede a atribuição de significado pessoal em um determinado sentido.

Este é um dos motivos pelos quais a construção realizada pelo aprendiz não pode ser efetuada solitariamente. A aprendizagem escolar precisa ser vista como um processo conjunto, compartilhado entre professores e alunos, com a finalidade de levar todo aprendiz, ajudado pelo professor e por seus colegas, a se mostrar progressivamente autônomo na resolução de tarefas, na transformação de informação em conhecimento, na interpretação, utilização e transformação de conceitos, na prática de determinadas iniciativas em múltiplos desafios.

No próximo capítulo, destacaremos algumas ações que, se desenvolvidas pelo professor, podem ajudar significativamente o aluno a construir saberes e a atribuir significado próprio aos conteúdos curriculares.

PARA REFLETIR

PARA NÃO DIZER QUE NÃO FALEI DE FLORES – COMO ESCOLHER UMA ESCOLA PARA SEU FILHO

Imagine que você acaba de mudar para uma cidade do interior, não importa de que Estado brasileiro. Você não sabe muito a respeito dela, desconhece seus atrativos, sua potencialidade, mas terá tempo de sobra para descobri-los. Sua preocupação maior, pelo menos nesse primeiro momento, é procurar uma escola para sua filha de cinco anos. Deseja para ela uma boa escola e tem certeza de que vai encontrar uma. Não importa se é pública ou particular, se é próxima à sua casa ou distante. O que você quer é uma escola realmente excelente, com professores animados, com uma meta de ensino e construção da pessoa transformada em paixão.

A primeira escola que descobre logo a encanta. Conversando com seus professores, aprende que sua filha não será alfabetizada por este ou aquele método, dominado de forma insegura por este ou aquele professor, mas que a alfabetização se desenvolverá respeitando a fase pré-silábica, que sua filha superou, para a silábica que começa descobrir. Aprende que esse profundo respeito pelo desenvolvimento da criança estrutura as bases racionais de sua descoberta pelo mundo das palavras, que os professores estudam e praticam com paixão (1).

Você se encanta e quer saber mais sobre essa escola. Descobre, então, que trabalha conteúdos, mas o faz sem perversas obsessões; sente que, para os professores à sua frente, mais vale um espírito bem formado que uma cabeça cheia (2); descobre que esses professores, comprometidos com a atualidade, jamais irão olhar para sua filha acreditando que um dia sua educação se completará. Crentes de que a verdadeira aprendizagem é permanente (3); estimularão suas caminhadas pelo mundo do saber, respeitando os estágios de sua mente e de sua inteligência e tendo para cada um deles uma estratégia de fascínio, um desafio de encantamento (4).

Entrando nas salas de aula, vendo professores e alunos em ação, alunos e professores estudando juntos e juntos construindo seus projetos interdisciplinares (5); você descobre que naquela pequena escola toda criança é sempre o agente essencial de seu crescimento e seus saberes sobre a vida e o mundo, o corpo e as emoções são as âncoras significativas às quais os novos aprenderes são praticados (6). Descobre que nesse ambiente de ternura e paixão, sua filha jamais será avaliada senão por seus próprios passos e progressos, que a comparam apenas com ela mesmo e com os caminhos por onde andou (7).

Percebe que existe unidade nos objetivos dos mestres ao ajudarem sua filha a decodificar seus saberes, expressando-os por inúmeras linguagens, no usufruto pleno e infinito de todas as suas inteligências (8). Sabe que nessa escola, sua garota, junto com as lições de vida, descobrirá o querer, aprenderá o sentir, construirá maneiras diferentes de pensar e, dessa forma, agir e proceder com alegria e coerência, paixão e entusiasmo, abnegação e consciência. (9)

Você sai radiante da escola que descobriu. Perceberá que a mesma abre suas portas com carinho e ternura para as crianças mais bem dotadas, sem se fechar jamais para aquelas que trazem deficiências de aprendizagens, emoções "amarradas". Para essas, existe a incondicional aceitação de que, com crença e conhecimento, método e obstinação, sempre será possível torná-las alguém melhor (10). Afinal, uma escola que porque ensina reflete, porque reflete politiza e porque politiza insere a pessoa no mundo e em suas circunstâncias, não apenas para que viva no mesmo, mas sobretudo para que o construa e o transforme (11).

Seu entusiasmo pela descoberta é tão grande, sua alegria pela escola certa é tão radiante que, eufórica, sai sem nem mesmo perguntar pelo nome dos professores. Não importa. Voltará outro dia e perguntará. Saberá que seus nomes são Emilia e Miguel, Jan e João, Davi e Paulo.

Se, por curiosidade, buscar nesses quase anônimos personagens as raízes de quem tão admiravelmente construiu a arquitetura desse pensar, talvez com surpresa perceberá (1) Emilia Ferreiro; (2) Michel de Montaigne; (3) Jan Amos Comenius; (4) Jean Piaget; (5) John Dewey; (6) David Ausubel; (7) Lev Vygotsky; (8) Howard Gardner; (9) Jean-Jacques Rousseau; (10) Reuven Feurstein; (11) e Paulo Freire.

4

EXISTEM NOVAS MANEIRAS DE APRENDER?

É evidente que existem maneiras interessantes de aprender e que, se desenvolvidas em sala de aula para alunos de qualquer nível, independentemente dos conteúdos que se expõe, podem constituir-se em uma aprendizagem agradável, interessante e o que é mais importante, significativa e capaz de se mostrar autônoma, permitindo ao aluno o uso desses saberes para a conquista de muitos outros.

Todavia, o que é novo para uns, certamente não o é para outros, e as idéias que aqui proponho, já há muito tempo estão presentes em obras de pensadores e epistemólogos eminentes, como Gardner, Bruner, Perrenoud, Ausubel, Wallon e Coll, entre outros. Dessa forma, proporemos algumas sugestões que, se em verdade não são "novas" para alguns professores, seria fascinante que as fizessem "novas", transpondo a teoria para a ação, tornando-as "vivas" ao longo de sua caminhada.

UMA IMERSÃO NO "SABOR" DA PALAVRA, UM MERGULHO NA SONORIDADE DA SENTENÇA

As palavras, como sabemos, possuem sabor, mas raramente nossos alunos dão-se conta disso. Algumas são "amargas", outras "azedas". Algumas são "macias" como carícias, "leves" como sopro. Existem palavras "frias" e palavras "quentes", palavras de todo tipo, de todas as cores, para todos os paladares. Mas de que vale essa fantástica "policromia" das palavras se o aluno não é levado a ela por seu professor?

Cabe ao professor a missão de envolver seus alunos na magia das palavras, emprestando-lhes significado na construção de uma sentença. Em todas as disciplinas do currículo escolar existem informações vitais, frases definitivas, sentenças irrestritas, orações absolutas, as quais podem chegar aos alunos de duas formas: ou como um amontoado anárquico de palavras, uma junção grotesca de vocábulos que constroem conceitos, ou como um lento passear por sua expressão, por seu envolvimento com o *self* do aluno e com seu meio.

É interessante que o professor reflita sobre o que diz, mas principalmente sobre *como diz*, e também que o aluno aprenda a observar e a usar seu dizer. Se as sentenças estruturais de um conteúdo não estiverem amarradas a outras, não forem "mastigadas" para toda a liberação de seu infinito sabor, o aluno certamente as engolirá com sofreguidão, devolvendo-as quando solicitado, se puder devolvê-las, de forma escatológica. Falar mais rápido, ou sem pensar, nada significa se não há profundidade e sensibilidade. *Dizer* é bem mais importante que *falar*.

DE UMA LEITURA MECÂNICA PARA UMA LEITURA COMPREENSIVA

Em geral, classificamos culturalmente as pessoas em "alfabetizadas" e "analfabetas" e, no consenso geral, ou se sabe ler ou não se sabe. Esse reducionismo é perverso, mentiroso, pérfido, mas sobretudo perigoso. Existem níveis imensos, patamares expressivos no grau de leitura que podemos fazer. Existem pessoas que lêem as sentenças com imensa dificuldade, soletrando cada sílaba, buscando com lanterna acesa o significado da palavra; outras lêem com inusitada rapidez, devorando frases inteiras com gula, parágrafos imensos com voracidade.

De forma alguma o que se diz aqui é novidade; contudo, é extremamente comum em sala de aula acreditar que, como os alunos "sabem ler", são iguais nos níveis de sua leitura. Não são e essa diferença é uma imensa diferença. Por esse motivo, todo professor, independentemente da disciplina ou da série que ensina, precisa avaliar de forma criteriosa o nível de compreensão de seus alunos em relação a um texto, uma frase, uma sentença ou até mesmo um simples título. É inútil bater na tecla de que essa responsabilidade é específica do professor de língua portuguesa; é responsabilidade de todo professor, em qualquer nível, posto que sem essa apurada avaliação, sem esse criterioso julgamento, certamente estará verbalizando no vazio, falando para todos, mas dizendo para poucos. Algumas aulas

AUTORES E OBRAS

NOAM CHOMSKY E A TEORIA INATISTA DA LINGUAGEM

Embora a maturação e o ambiente sejam importantes no desenvolvimento da linguagem, existe uma certa tendência em se aceitar as idéias do lingüista e ativista norte-americano Noam Chomsky (1957), que sustenta a visão conhecida como inatismo, afirmando que todas as pessoas trazem em sua herança biológica uma capacidade inata para a aprendizagem da linguagem.

Segundo a visão inatista, os seres humanos possuem uma capacidade inata no cérebro para adquirir a linguagem e aprender a conversar tão naturalmente quanto aprendem a andar. Chomsky baseia sua teoria em alguns aspectos: quase todas as crianças aprendem a língua nativa, apesar de sua complexidade, dominando-a na mesma seqüência relacionada à sua idade, sem ensino formal; os seres humanos são a única espécie cujo cérebro é maior de um lado que de outro e que parece ter um mecanismo inato para a linguagem localizado no hemisfério maior, o esquerdo; os recém-nascidos respondem à linguagem de forma sofisticada, distinguem a voz da mãe da voz de estranhos e, nos primeiros meses de vida, percebem com nitidez sons bastante parecidos.

CHOMSKY

Noam Chomsky é um dos mais destacados lingüistas norte-americanos, embora sua maior projeção pela mídia manifeste-se por seu ativismo político. Defende o argumento de que a mente humana opera segundo regras especificáveis, na maior parte das vezes inconscientemente, e que essas regras podem ser explicitadas pelo exame sistemático da linguagem, da ação e da resolução de problemas.

Chomsky descreve a linguagem humana como uma região separada da mente e o conhecimento de certas particularidades da linguagem deve ser *uma propriedade inata*; sendo assim, a linguagem desenvolve-se na criança de uma forma natural, como o sistema visual ou circulatório, por exemplo. Chomsky não descarta a imensa importância de um ambiente estimulante, mas, interpretando-o, Gardner reflete com a metáfora de que a mente de uma criança, no que diz respeito ao domínio de sua linguagem, é o mesmo que um computador pré-programado, o qual necessita simplesmente ser ligado na tomada apropriada. Para maior aprofundamento, ver o Capítulo Encontro em Royaumont: O debate entre Jean Piaget e Noam Chomsky. In: Gardner, Howard. *Arte, Mente e Cérebro*. Porto Alegre: Artmed, 1999.

LEITURAS SUGERIDAS

AIMARD, P. *O surgimento da linguagem na criança*. Porto Alegre: Artmed, 1998.
CHOMSKY, N. *Linguagem e mente*. Brasília: Ed. UnB, 1998.
___. *Os caminhos do poder: reflexões sobre a natureza humana e a ordem social*. Porto Alegre: Artmed, 1998.
GÓMES J. P. R.; MOLINA, A. *Potencial la capacidad de aprender*. 2.ed. rev. Madrid: Nárcea, 2000.
PINKER, S. *Como a mente funciona*. São Paulo: Companhia das Letras, 1998.

que se dediquem a essa pesquisa, a essa análise, ao aprimoramento dessa medida, certamente resultarão em um procedimento mais coerente, em aulas mais consistentes, compreensões mais transformadoras. Está na hora de se abolir em sala os estereótipos do "falo, mas não me ouvem". Tal como anunciavam os muros da Sorbonne, em 1968, "não são as paredes que têm ouvidos, são paredes que existem em alguns ouvidos". Está na hora de derrubá-las.

A CONSTRUÇÃO DE SIGNIFICADOS

Compare as frases a seguir. Reflita alguns segundos sobre elas e construa algumas imagens. Informe para você mesmo, minutos depois, qual a mais expressiva, a de maior significado. Qual dentre elas você seria incapaz de guardar na memória e qual guardaria com prazer e facilidade?

1ª frase: ZUGAITZAREN ITZALPEAN ONGI GAUTZA.
2ª frase: BENE CONIECTI SUMUS SUB UMBRA ARBORIS.
3ª frase: ESTAMOS BEM DEITADOS SOB A SOMBRA DA ÁRVORE.

É desnecessário informar que as três frases dizem a mesma coisa em línguas diferentes, respectivamente o basco, latim e o português, e que aquela que menos sentido fez para você com certeza faria para outro e vice-versa.

Por que seu cérebro atribuiu sentido a uma e empurrou a outra, se absolutamente necessário, para a aprendizagem mecânica? A resposta é simples: nosso cérebro "não gosta" de frases sem sentido, orações sem significação, como aquelas ditas ou escritas em línguas desconhecidas. Ao encaminhar-se para essa óbvia constatação, você concluiria que a aula "mais chata do mundo" seria aquela transmitida para alunos em uma língua absolutamente desconhecida.

Ainda bem que a língua falada pelo professor em sala de aula é conhecida por todos os alunos. Será mesmo? Será que todo professor reflete sobre o seu dizer, associando-o ao universo de saberes do aluno? Será que conhece em profundidade seu universo vocabular? Será que constrói sentenças que envolvem os conteúdos da matéria que ensina como os alunos constroem as suas para falar de futebol ou relatar aventuras?

Repare que não se pretende vulgarizar a fala do professor, nivelá-la por baixo. Ao contrário, ela deve ser intrigante, desafiadora, propor vocábulos novos, envolver os alunos no mundo do dicionário, mas isso precisa ser feito aos poucos, devagar, passo a passo. Um verdadeiro educador jamais pode ser subjugado pela patologia da precipitação.

O aluno que assiste à aula em fevereiro certamente não é o mesmo que assiste em setembro; nesse espaço de tempo, cresceu, evoluiu, agregou vocábulos à sua expressão, acrescentou conceitos aos que já possuía, atribuiu significações a temas aprendidos. Mas será que o professor está atento a esse progresso? Será que percebeu e acompanhou essa evolução, essa mudança, e a ela estruturou sua fala, o discurso de sua aula?

FAZER DO ALUNO UM VERDADEIRO DECODIFICADOR DE SIGNOS

Observe a seguinte sentença: "levar uma caixa de pedras ao rio um passarinho só não faz verão". Ela parece absurda e constitui-se em um amontoado de palavras que não dizem nada e não falam a ninguém. Experimente, então:

Levar uma caixa de pedras ao rio. Um passarinho só não faz verão.

Melhorou bastante. Um ponto e pronto: as idéias foram separadas e obteve-se duas sentenças de uma. Porém, não se integram, não podem fazer parte de uma mesma idéia, transitam por conceitos diferentes. É possível melhorá-las? Claro que é:

Levar uma caixa de pedras ao rio um passarinho só não faz, verão.

Ficou melhor, mais nítida, ganhou estrutura e clareza. A vírgula teve a maravilhosa propriedade de transformar o substantivo (verão = estação do ano) em verbo (verão = tempo futuro do verbo ver) e de dar contorno de especial logicidade à sentença. É possível perceber que levar uma caixa de pedras ao rio um passarinho só não faz. O encanto dessa expressão transfigurada, a fantástica metamorfose que uma simples vírgula pode impor é imensa. Contudo, se isto não for demonstrado, explicado, pacientemente mostrado em cada aula e em todas as aulas pelo professor, certamente não será percebido pelo aluno. Chomsky ensina-nos, com propriedade, que certas estruturas verbais nascem com o ser e afloram na criança como que programadas em seus genes, embora entre seus ensinamentos nada exista da propriedade que foi demonstrada. Compreender os signos é bem mais amplo que identificá-los; portanto, é importante ensinar os alunos a percebê-los, descobri-los, experimentá-los.

É evidente que a descoberta desses signos será promovida pelo professor de história na aula de história, pelo professor de ciências na aula de ciências, contextualizando tal descoberta com suas disciplinas e seus conteúdos, sejam eles quais forem. Imaginem lições de casa diferentes: alunos "mastigando" pontos, vírgulas, pontos-e-vírgulas, travessões e o que mais houver para abrir novos horizontes para aquilo que estudam, para os conceitos que saboreiam.

A ALFABETIZAÇÃO EM UMA "SEGUNDA" LÍNGUA

Partindo do pressuposto de que nossos alunos saibam expressar-se com relativa clareza na língua portuguesa, qual a segunda língua que todo aluno brasileiro pode aprender? A resposta é muito fácil!

A segunda língua que todo aluno precisa aprender é a *língua matemática*. Isso mesmo, perceber que existe uma expressiva e significativa diferença entre "aprender matemática", isto é, compreender a "sintaxe" dos números e outros signos, e usar a linguagem matemática nas aulas de língua portuguesa, história, ciências, língua estrangeira, geografia, artes e outras disciplinas. A idéia simplesmente parece absurda pela absurda circunstância de acreditarmos que só em matemática é que se ensina a linguagem matemática.

Será que nas aulas de outras disciplinas não se fala em "grandezas", "proporções", "porcentagens", "relações espaciais", "médias", "relações temporais" e uma série infinita, sem trocadilho, de outras expressões matemáticas? Será que não existe geometria na tela de Portinari, na paisagem semi-árida do espaço geográfico nordestino, em uma exposição sobre a explosão do Renascimento? Será que não é injusto o professor de matemática falar em "teses", "temas", "textos", "trovas", "frases", "sentenças", roubando expressões da primeira língua, sem se fazer igual uso das expressões dessa segunda língua? Será impossível levar nossos alunos a descobrirem que a interpretação de um gráfico, muitas vezes, é aula de economia, sociologia, geografia, história, literatura? Será que transpor uma realidade textual para um gráfico de setores, depois para um de barras, depois para um pictograma e ainda para outros, de outras formas, não ajuda a aprender lições que não são exclusivamente matemáticas? Será que existe apenas a geografia em um climograma? Essa segunda língua não representaria uma excelente oportunidade para a prática da interdisciplinaridade?

> **AUTORES E OBRAS**
>
> **EDWARD DE BONO E O PENSAMENTO LATERAL**
>
> Edward de Bono é um pesquisador e escritor maltês, reconhecido por inúmeras obras que tratam da criatividade humana, do desenvolvimento do potencial de pensar através de métodos que atraíram a atenção de governos e empresas internacionais. Entre esses métodos, propõe a exploração do *pensamento lateral*, que se inspira na organização funcional do cérebro e em sugestões sobre algumas maneiras criativas de usar a mente, destacando que, pensando lateralmente, não nos preocupamos apenas com a solução de problemas, e sim com novas maneiras de encarar as coisas e as idéias.
>
> **LEITURAS SUGERIDAS**
>
> BODEN, M. A. *Dimensões da criatividade*. Porto Alegre: Artmed, 1998.
> BONO, E. de. *Além do sim e do não*. São Paulo: Ediouro, 1997.
> ___. *Novas estratégias de pensamento*. São Paulo: Nobel, 2000.
> ___. *O pensamento lateral: aumente sua criatividade desenvolvendo e explorando o raciocínio lateral*. 2.ed. Rio de Janeiro: Record, 1995.
> ___. *A revolução positiva*. São Paulo: Record, 1989.
> ___. *Tática: a arte e a ciência do sucesso*. São Paulo: Record, 1986.

É evidente que as respostas são simples para o professor, mas nem sempre há uma preocupação em ensiná-las, passo a passo, para seus alunos, usá-las criticamente em suas aulas, exemplificá-las e ilustrá-las nos temas que recita, nos textos que interpreta, nas descrições que relata. É certo que tudo seria infinitamente mais fácil se os textos de diferentes matérias assim se traduzissem; porém, não estando eles assim organizados, esta não seria uma excelente oportunidade para o professor realizar tal tarefa?

Será que um grupo de professores de disciplinas diferentes, refletindo meia hora sobre como usar essa "segunda língua" em suas aulas, não encontraria respostas criativas? Como bem lembra Edward de Bono, "com 11 peças de roupa, existem 39.916.800 modos de se vestir. Se você gastasse um minuto em cada combinação, precisaria viver até os 76 anos de idade para experimentar todas as combinações... como temos mais o que fazer na vida além de nos vestirmos, deveríamos estar imensamente gratos ao cérebro por ele estabelecer e usar padrões ou esquemas de rotina". Todavia, será que os resultados não compensam, vez por outra, a quebra desses padrões, o desafio da criatividade diante dessa rotina?

Não foi, talvez, com outra intenção que o genial Fernando Pessoa pôde perceber e revelar que "o binômio de Newton é tão belo quanto a escultura imortal da Vênus de Milo".

A IMPORTÂNCIA DO RESGATE DOS MÚLTIPLOS SABERES DO ALUNO

Durante muitos anos, foi uma prática comum na atividade docente tratar o aluno como se seu cérebro fosse um copo vazio, apto para ser preenchido com informações que ali se estocaria. Minimizava-se ao máximo a importância das informações que esse mesmo aluno tinha a respeito da vida, de seus amigos, de suas emoções, das experiências que vivenciava, das notícias que assimilara e, por mais absurdo que isso pudesse ser, até mesmo de fatos que aprendia com outros professores. Hoje, sabemos que essa atitude conduzia o aluno apenas a uma aprendizagem mecânica, repetitiva, raramente com atribuições de sentidos e, portanto, facilmente esquecida.

Ensinar dessa forma não é ensinar; quem aprende assim apenas pensa que aprendeu. Discurso descontextualizado, centrado nos saberes de quem fala, ignorando a cultura de quem ouve, constitui função que qualquer ser humano pode cumprir. Não há a necessidade de ser um professor para agir desse modo.

Sabemos que nada do que o aluno conhece pode ser desprezado; tudo o que aprendeu ao longo de sua vida simboliza a imprescindível "âncora" dos novos conhecimentos aos quais sua mente atribuirá sentidos. O aluno precisa descobrir, passo a passo, como constrói seus conhecimentos, como aprende de maneira significativa. Com a ajuda do professor, precisa aprender a aprendizagem libertadora.

É essencial que todo professor, não importa o conteúdo que ensine nem mesmo a faixa de idade para a qual se dirija, saiba que seus alunos possuem "um corpo", explodem a cada momento em múltiplas "emoções" e vivem dentro de um "mundo material e social" – elementos que precisam figurar como ícones do que se ensina de novo, dos conteúdos específicos que se busca fazê-los aprender.

O CÉREBRO HUMANO ADORA A COERÊNCIA E ODEIA MENSAGENS SEM SENTIDO

Experimente erguer com suas próprias mãos um automóvel, ou digerir em uma única refeição um boi inteiro. Para desafios dessa dimensão existem limites plausíveis: solicita-se algo maior que a força comum, um poder que ultrapassa toda a plausibilidade do sistema digestivo. Também para o cérebro existem ações implausíveis, desafios absurdos por se colocarem além de sua competência biológica, de sua estrutura neurônica. Essa referência vale para a aprendizagem de informações incoerentes.

Se o que professor transmite é coerente apenas para ele, somente ele aprende com o que diz. A palavra "caravela", por exemplo, para o aluno pode representar embarcação, pode simbolizar o desafio oceânico e a ousadia dos marinheiros, pode levá-lo a tempos distantes e associar-se a memórias que guarda, mas pode ser também uma palavra fria, um recado insosso, caso a receba sem que antes tenha sido preenchida pelo professor de significação e associada às coisas que já sabe. Pode ser apenas uma palavra engraçada, que o faça lembrar de um rosto e de um pavio. O cérebro humano odeia incoerência e vinga-se com esquecimento daquilo em que não percebe significação.

NÃO EXISTE APRENDIZAGEM QUANDO NÃO OCORRE TRANSFORMAÇÃO

Ouça seus alunos. Converse com eles, seja econômico no dizer e ambicioso no ouvir. Se puder, grave ou anote suas sentenças, suas falas, sua opiniões a respeito do que ensina.

Observe atentamente o que escrevem, faça perguntas intrigantes, lance desafios, seja um propositor de interrogações. Tenha perspicácia para perceber se você está causando *transformação*, se seu aluno está mudando a maneira e a qualidade de seu pensar.

Aprendemos não quando estocamos saberes, mas quando estes reestruturam nossa forma de pensar, nossa expressão ao opinar. Aprender significa sempre reestruturar o sistema de pensamento com o qual compreendemos as coisas, as pessoas e, naturalmente, o mundo. Imagine seu aluno como alguém fora de forma que você precisa tornar um atleta, atuando em sua estrutura corporal, percebendo em cada exercício uma pequena mudança, em cada atividade um restrito progresso, em cada dia uma conquista a mais, em cada transformação um novo aluno.

É importante avaliar o progresso do aluno, não tanto o volume quantitativo dos saberes que armazenou. Também é essencial que o aluno se auto-avalie, percebendo que sua avaliação inspira-se em seu "progresso" e que, quando este existe, somente pode ser avaliado usando como paradigma o ponto individual em que esse aluno estava e o ponto que alcançou ajudado pelo professor.

Provas iguais para todos é até possível; o que não é possível desejar é que todos se igualem, ou revelem uma igual capacidade. Assim como aceitamos o fato de que existem variações biológicas, como a quantidade de sono ou de alimento requerida para as necessidades básicas de cada indivíduo, também precisamos aceitar que os alunos apresentam desempenhos diferentes. O que vale é a dimensão de seu esforço e a disponibilidade de sua luta, as quais devem ser a expressão da avaliação. É essencial que nossos alunos aprendam a se comparar a si mesmos, e não a seus colegas, a se auto-avaliar pelas metas que traçaram e jamais pelos valores absolutos que outro colega alcançou.

O ALUNO PRECISA APRENDER A PERGUNTAR E A PERGUNTAR-SE

A idade dos "porquês" é a mais interessante do ser humano, pois constitui o instante que mais estimula seu cérebro, a fase da vida que se constrói com mais empenho. O problema é que para muitos – e culturalmente para nossas infelizes generalizações educacionais – essa idade de desafios morre aos seis anos.

É importante o aluno aprender que não pode morrer jamais; é até natural, que como ser social, esse aluno discipline seus "porquês", faça-os a si mesmo e busque pessoalmente a construção das respostas, liberte-se, enfim, do paternalismo de achar que existe sempre ao lado alguém com uma resposta pronta. Contudo, jamais deve deixar de interrogar-se, perguntar-se, inquirir-se, desafiar-se usando com toda a diversidade e riqueza seu *pensamento lateral*, sua criatividade.

Para que o aluno sempre tenha o brilho dessa busca, é essencial que conte com professores que assim o ensinem, que se livrem da condição de "proprietários de respostas", e descubra no mestre aquele que jamais ensina o que se aprende sozinho, mas que norteia caminhadas, aponta direções, ensina a pesquisar, a procurar em um dicionário, a vasculhar em uma enciclopédia, a entrevistar as pessoas certas em ocasiões precisas, a navegar pela boa internet, enfim, a usar esse imenso saber acumulado ao longo do tempo.

O ALUNO NECESSITA SER AJUDADO CONTRA A PSICOSE DO "ERRO"

A maior parte dos professores e dos pais de hoje foram adestrados a se apavorar diante do erro e a fugir assustadamente dele. O próprio professor, em um passado não muito distante, era um verdadeiro "caçador de erros" e, quando os encontrava, saudava-os vigorosamente, brindava-o com uma caneta vermelha despudorada e agressiva. O erro era relatado para todos, exaltado em seu sarcasmo e comentado dos corredores à sala dos professores. Muitos desses pais provavelmente não se lembram dos acertos que conquistaram, mas jamais esquecem o erro imperdoável, a falha marcante, a bobagem inesquecível.

Nessa perspectiva, é perfeitamente natural que nossos alunos tenham vergonha de errar e, como nunca se aprende sem erros, quando os cometem apressam-se em ocultá-los ou disfarçar sua existência.

Essa tendência de se julgar pelo erro cristalizou uma falha educacional que não pode mais prosseguir. O erro do estudante representa para o professor o mesmo indício imprescindível que a respiração anormal do paciente sinaliza para o pneumologista. Se esse paciente, envergonhado dos "erros" de seu corpo, não os assume, estará por certo dificultando o diagnóstico e fugindo da cura. Tal metáfora é inteiramente válida para o professor. Todo erro cometido pelo aluno não pode merecer destaque ou crítica, e sim indícios de caminho para o ensino a ser desenvolvido. O medo de errar deve ser afastado de qualquer aluno e sua avaliação deve revelar o que é e o que pode, jamais a utopia de como o professor gostaria que fosse.

PARA REFLETIR

TOLICES EM DOIS TEMPOS – É PRECISO REVER AS CRENÇAS "CIENTÍFICAS"

Marcelo acredita-se um excelente professor de ensino fundamental e médio, porém, ao recordar seus tempos de menino, ri com as lembranças de tanta ingenuidade com as quais convivia, com as infinitas bobagens que o atormentavam, como dizia o poeta, na "infância querida que os anos não trazem mais".

Lembra-se, por exemplo, de que naqueles tempos ditosos jamais poderia comer manga e tomar leite senão morreria fulminado, que jamais largaria um pé de chinelo virado senão sua pobre mãezinha esticaria as canelas, que se desejava manhã de sol no sábado, bastava deixar um ovo para Santa Clara no telhado, nas noites de sexta-feira. Sorria ao lembrar-se da ingênua tolice de jamais brincar com fogo para não molhar a cama, de nunca tomar banho após a refeição para não morrer de congestão, de não fazer coisa feia, senão seu anjo da guarda espião iria correndo contar tudo para o Papai Noel. Lembrava-se de viver assustado, com receio de ficar com a boca torta por tomar água olhando o sol, morria de medo de contrair asma ao abraçar o gato e lembrava-se ainda de muitas outras tolices, preconceitos infantis que a vida adulta encarregara-se de sepultar.

Ainda bem que crescera e agora, professor, tentava ser um excelente profissional, jamais procedendo com seus alunos por meio de atitudes que não fossem "coerentemente científicas". Assim, em nome do que supunha ser "ciência" é que Marcelo continua a crer que basta repetir um tema muitas vezes para que seus alunos aprendam, que é pura bobagem a escola fazer da sala de aula um espaço para treinar habilidades operatórias e que a única coisa de essencial que seus alunos têm a aprender são os conteúdos explícitos da matéria que ensina. Marcelo acredita piamente que números avaliam aprendizagem, que para um bom professor é inútil conhecer outras estratégias de ensino além da aula expositiva e que somente um professor de língua portuguesa pode treinar a inteligência lingüística de seus alunos. Pensa, por exemplo, que é plenamente correto que seus alunos usem apenas a linguagem das palavras e dos números e que os fatos que ensina agora serão os mesmos quando o ano acabar.

Marcelo, com segurança e serenidade, sorri de seus preconceitos e tolices de infância e nem mesmo imagina como aquela cabeça cheia de bobagens de menino puderam evoluir para ser o austero professor de hoje. Marcelo é tão ingênuo a ponto de pensar que mudou quando, na verdade, mudou apenas a natureza tola de seus pressupostos. Ele não tem saudade do garoto ingênuo que foi e orgulha-se do professor adulto que é.

Deveria ter saudade, e muita. Afinal, quando criança, suas bobagens e tolices não faziam mal a ninguém a não ser a ele mesmo. No entanto, suas besteiras de adulto e sua bitolada visão profissional certamente atrapalham o ensino e a criatividade de muita gente.

É ESSENCIAL QUE O ALUNO APRENDA A MANIFESTAR-SE ATRAVÉS DE TODAS AS SUAS LINGUAGENS

Um drible que de tão perfeito deixa ao estádio atônito, ou a poesia que descreve uma saudade que só se sente, sem poder chorar? Um desenho que nos arrebata e traz lembranças, ou a expressão de uma escultura com mais "vida" que o próprio sentimento de vida em quem a esculpiu? Uma concepção matemática capaz de nos transportar para o infinito ou para o infinitesimal, ou um sentimento de solidariedade que mostra o lado mais humano de toda a humanidade? Uma fotografia fantástica que dá realidade ao papel, ou uma música soberba que afasta a ansiedade? Uma saudade de quem quase não é mais infeliz, ou uma lembrança de quem a deseja prisioneira?

As opções são inúmeras e, ao invés de obras, poderíamos buscar quem as construiu. Então nos perguntaríamos por Garrincha ou Fernando Pessoa, Picasso ou Rodin, Einstein ou Ghandi, enfim, pelas imagens do repórter fotográfico Luiz Carlos Barreto ou pela música insubstituível de Mozart?

Seja qual for a resposta, todas as opções são válidas quando se percebe no ato o talento, quando se descobre no gesto a genialidade. O que, entretanto, não é absolutamente válido é pensarmos em um aluno com a exclusividade do texto ou da conta. A função de todo aluno, em qualquer escola, é descobrir as múltiplas linguagens do dizer, as formas infinitas de se comunicar.

Um texto sobre a selva amazônica vale tanto quanto um desenho extraordinário que a retrate com minúcias; uma maquete que nos transporte para a época da Revolução Francesa certamente não é menor que uma dramatização que a represente. O aluno precisa descobrir que seus saberes podem e devem ser expressos por todas as linguagens que a criatividade humana explorou. Está mais do que na hora de sepultar a escola apenas textual ou apenas numérica, fazendo surgir alunos que falem através de textos, metáforas, números, gráficos, desenhos, mapas, frisas do tempo, mímicas, sons musicais, trovas, ritmos, paródias, sonetos, passos, movimentos, grandezas, proporções, médias, geometrias, ações múltiplas e infinitas ações. Porém, desnecessário dizê-lo, o aluno não chegará a essas muitas linguagens sozinho. A grandeza de seu mestre sintetiza-se em seu poder de identificar os saberes que foram aprendidos pelas diversas linguagens com que os falou.

COMO OLHAR UM GAROTO FINLANDÊS?

Quando refletimos sobre novas maneiras de aprender, sintetizamos anos de experiência praticando, discutindo, lendo e pensando sobre o assunto. Não consideramos esta melhor que aquela, ainda que percebamos algumas rotineiras, outras nem tanto. Entre tantas, qual a mais importante? Não é possível saber! A importância de um certo modo de ensinar depende de quem ensina e, principalmente, de quem aprende; depende do lugar em que se ensina e do ambiente em que se aprende.

Embora não seja possível afirmar categoricamente qual das experiências relatadas é a mais importante, não é nem um pouco difícil garantir qual julgamos mais sublime, qual mais nos encanta. Apresentamos nossa opinião e, ao contrário do que afirma o dito popular, opiniões se discutem sim. Portanto, discordem, à vontade.

Acreditamos que, entre os aspectos mais importantes que nosso aluno precisa aprender, está o de perceber que o outro é apenas um outro e que essa contingência abriga um universo de diferenças, todas indiscutivelmente aceitáveis.

Imagine trazer para sua sala de aula, de crianças ainda pequenas e não-maculadas por todas as maldades do mundo, um garoto finlandês. Esse garoto não entende a língua de seus alunos e estes não entendem a sua; certamente, gostará de coisas que seus alunos não gostam e será capaz de mostrar desinteresse por jogos que animam seus alunos. Apresentará, quem sabe, preferências por doces que não são os preferidos por seus alunos e ninguém estranhará se achar bonito o boné que os demais acham horroroso. Contudo, é provável que não se desse muita importância a essas diferenças, afinal ele é finlandês e os finlandeses são diferentes. A circunstância da diferença, porém, não pode ocultar a intensidade do amor; posso amar o garoto finlandês como amo ao meu neto Francisco.

Aceitamos as diferenças culturais com a mesma naturalidade que aceitamos as diferenças entre as flores: ninguém se atreveria a garantir que, para o consenso geral, as margaridas são mais belas que as rosas, que os gerânios são mais alegres que as camélias. Até mesmo em relação aos animais as diferenças não nos apavoram: temos dificuldade em dizer se um leãozinho é mais bonito que uma foca bebê, ou se os dálmatas são mais interessantes que os beagles.

Todavia, temos uma imensa dificuldade em aceitar diferenças entre nós mesmos e em atribuir a todas elas igual amor. Inventamos a cruel falácia de aceitar que entre as pessoas conhecidas existe a *normalidade* e, por isso, a todo momento classificamos aquelas que são "normais" e aquelas que não são. Essa mentira escabrosa faz com que olhemos com olhos diferentes uma criança autista e uma outra supostamente "normal", embora o autista seja normal entre os autistas, assim como a criança com síndrome de Down seja tão normal quanto o pequeno finlandês. Acaso a criança filha de pais ou mães homossexuais precisa ser olhada de forma diferente que os filhos de heterossexuais? Alguém se atreve a duvidar de que o finlandês é normal entre os finlandeses? Julgamos naturalíssimo que ele seja diferente e não sentimos pena dessa diferença, mas sentimos pena da diferença em relação à criança com síndrome de Down. Não sei se existe sinônimo perfeito para essa tal normalidade que inventamos, mas um sinônimo possível talvez seja *imbecilidade*. Por esse motivo, muitas vezes sem perceber, ensinamos nossos alunos a serem imbecis.

É imperioso que eduquemos seus olhares e que nossos alunos aprendam a ver. Um olhar educado é infinitamente melhor que um olhar que jamais se educou. É imperioso que nossos alunos aprendam a ver e a descobrir na diferença a surpresa, o encantamento, a ternura, o insubstituível direito de ser diferente e, ainda assim, ser normal.

5

EXISTEM NOVAS MANEIRAS DE ENSINAR?

Vão ficando para trás as lembranças de professores que ensinavam exclusivamente história ou geografia, língua portuguesa ou matemática. Urge revolucionar esse sistema, e talvez uma alternativa seria levar todos os nossos alunos a adquirir, além dos conteúdos curriculares específicos de cada disciplina, algumas qualificações essenciais para a vida, como saber pensar, saber falar, saber cheirar, saber ouvir, saber ver, saber fazer e muitos outros saberes. Essa revolução, desculpe a metáfora, corresponde a ensinar o aluno a andar antes de fazê-lo correr, invertendo um sistema que, colocando todos a correr, marginaliza os que não chegam à frente.

Hoje em dia, em face da banalização da informação, da revolução digital, da nova política, da nova economia e dos desequilíbrios familiares cada vez mais preocupantes, solicita-se aos professores que façam dos conteúdos convencionais de suas disciplinas ferramentas ou instrumentos que, ao qualificarem também para a vida, despertem *capacidades* e *competências*, a fim de estimular em sala de aula todas as *inteligências* de seus alunos.

Questionamo-nos, porém, se essas idéias realmente representam novos paradigmas para a escola, ou se são apenas chavões que mais contribuem para confundir que para educar. Sinceramente, queremos crer na primeira alternativa e, neste capítulo, buscamos desmentir a segunda e propor algumas respostas para tão expressiva dúvida. As palavras externam idéias extremamente próximas e diferenças expressivamente sutis. Contudo, são incontestáveis.

CAPACIDADES

Capacidade é o poder humano de *receber, aceitar, apossar*. Esses verbos de ação definem a palavra e justificam sua presença na escola. Nenhum professor pode "ensinar" um aluno a ser capaz, mas pode ajudá-lo a se descobrir capaz. A escola não pode mais fixar-se apenas como centro epistemológico e precisa, urgentemente, propiciar aos alunos a recepção plena de suas capacidades *motoras, cognoscitivas* e *emocionais*.

A escola precisa ser o ambiente onde o professor age como mentor da criança ao orientá-la em "abrir" toda sua destreza e amplidão de movimentos. O aluno necessita liberar sua força, sua destreza, sua agilidade, sua postura, seu equilíbrio, mas também a expressão significativa de seu tato, paladar, olfato e a propriedade de diferenciar a singeleza do "olhar" da magnitude do "ver".

Além disso, é preciso que a escola ensine a criança a aprender, pensar, refletir, pesquisar, estudar, auto-avaliar-se e, em nenhum momento, perca a oportunidade de torná-la conhecedora de si mesma, autora de suas próprias metas e meios, um indivíduo que saiba conviver, interagir e relacionar-se com os outros. Tentaremos mostrar como é possível desenvolver capacidades.

COMPETÊNCIAS

Competência é a faculdade de *mobilizar um conjunto de recursos cognoscitivos* – saberes, habilidades, informações e, é claro, inteligências – para *avaliar e solucionar com eficácia e pertinência* situações novas.

Portanto, a escola precisa fazer do aluno um verdadeiro leitor, um ser capaz de expor e usar com clareza as idéias que cria e aprende, não só para demonstrar esses saberes na escola, mas também para fazer uso dos mesmos na vida cotidiana. A escola precisa fazer desse aluno um hábil construtor de equações e "interpretador" de gráficos, uma pessoa que, compreendendo plenamente seu meio social, pode e sabe agir nele e sobre ele. Além dessas competências, é essencial que a escola também possa desenvolver no aluno a percepção e o emprego consciente das habilidades operatórias, tornando-o um agente de sua própria capacidade de mudança que sabe localizar, acessar e usar toda a informação útil acumulada pela cultura e pela humanidade. Se a escola souber mobilizar-se, esse aluno será capaz de não se deixar manipular pela falácia, de não se deixar enganar pela mensagem falsa, pelo político inidôneo, pela comunicação demagógica. Na escola assimilam-se conhecimentos disciplinares, mas raramente se tem a preocupação de que esses saberes estejam ligados a situações da vida. Desenvolver competências, em última análise, significa fazer de todo estudante um ser de vida diferente, porque aplica nela o que aprendeu na escola. Destacaremos algumas experiências significativas no sentido de se acessar algumas competências.

INTELIGÊNCIAS

Não nascemos com capacidades estimuladas e com competências definitivas, porém de nossa história genética trazemos traços e espectros de nossas inteligências. Duas crianças, ao nascer, são iguais em capacidades e competências, mas provavelmente diferentes quanto ao espectro de suas inteligências.

Assim, inteligência é um potencial biopsicológico, *uma capacidade para resolver problemas e para criar idéias*. Se, por um lado, herdamos traços das inteligências que temos, por outro, cabe à escola estimulá-las com vigor, abrindo ao ser humano toda a multiplicidade de linguagens possíveis de se usar.

Na nova escola, que o novo tempo requer e de que necessita, os mestres constituem-se em companheiros imprescindíveis para oferecerem capacidades motoras, cognoscitivas e emocionais; para mobilizarem e ensinarem seus alunos a apreciar competências da leitura e escrita de signos diferentes, das habilidades e do meio social, da informação e da percepção crítica, enfim, para estimularem muito seus alunos a resolver problemas, empregar linguagens, criar um amanhã muito melhor.

AUTORES E OBRAS

HOWARD GARDNER E A TEORIA DAS INTELIGÊNCIAS MÚLTIPLAS

A Teoria das Inteligências Múltiplas apóia-se nas novas descobertas neurológicas procedidas em Harvard e em outras universidades dos Estados Unidos, mudando as linhas de conhecimento sobre a mente humana e colocando em dúvida processos anteriormente descritos para explicar os sistemas neurais que envolvem a memória, a aprendizagem, a consciência, as emoções e as inteligências em geral. Desenvolvida e caracterizada no início da década de 80 por Howard Gardner, e claramente explicada em suas obras, a Teoria das Inteligências Múltiplas possui atualmente milhares de adeptos e constitui a prática pedagógica de inúmeras escolas no mundo inteiro.

Cabe destacar que o conhecimento de jogos e outros procedimentos estimuladores das inteligências não é um "método" pedagógico e, por isso, não implica uma adoção irrestrita de seus fundamentos, uma necessidade de que toda a comunidade escolar adote suas linhas e subordine-se ao emprego de material específico. Ao contrário, essa tendência estimuladora das inteligências deve ser compreendida como um novo paradigma de percepção do ser humano, abandonando sua avaliação através de sistemas limitados e identificando-o com acentuada amplitude e poder de linguagens lógico-matemática, espacial, lingüística, musical, cinestésico-corporal, naturalista, intrapessoal e interpessoal.

Esses novos paradigmas, embora não modifiquem os conceitos usados para definir "inteligência", alteram de forma extremamente sensível a compreensão sobre como aprendemos, e sobretudo substituem a concepção de que possuímos "apenas uma inteligência geral". Assim, derruba-se o mito de que a simples transmissão de informações pode tornar pessoas receptoras mais inteligentes e descobre-se que, na realidade, abrigamos um elenco extremamente diversificado de "diferentes" inteligências, cada uma delas sensíveis a estímulos que, se aplicados através de um projeto e nas idades convenientes, alteram profundamente a concepção que o ser humano tem de si mesmo e dos limites de suas possibilidades.

LEITURAS SUGERIDAS

GARDNER, H. A criança pré-escolar: como pensa e como a escola pode ensiná-la. Porto Alegre: Artmed, 1994.
___ . Arte, mente e cérebro: uma abordagem cognitiva da criatividade. Porto Alegre: Artmed, 1999.
___ . As artes e o desenvolvimento humano. Porto Alegre: Artmed, 1997.
___ . Estruturas da mente: a teoria das inteligências múltiplas. Porto Alegre: Artmed, 1994.
___ . Inteligência: múltiplas competências. Porto Alegre: Artmed, 1998.
___ . Inteligências múltiplas: a teoria na prática. Porto Alegre: Artmed, 1995.
___ . Mentes que criam: uma anatomia da criatividade. Porto Alegre: Artmed, 1995.
___ . Mentes que lideram: uma anatomia da liderança. Porto Alegre: Artmed, 1996.
GARDNER, H. et al. Projeto Spectrum: a teoria das inteligências múltiplas na educação infantil. Porto Alegre: Artmed, 2001. (v. 1 – Utilizando as competências das crianças.)
GARDNER, H. et al. Projeto Spectrum: a teoria das inteligências múltiplas na educação infantil. Porto Alegre: Artmed, 2001. (v. 2 – Atividades iniciais de aprendizagem.)
GARDNER, H. et al. Projeto Spectrum: a teoria das inteligências múltiplas na educação infantil. Porto Alegre: Artmed, 2001. (v. 3 – Avaliação em educação infantil.)

6

COMO "ENSINAR" CAPACIDADES? AS CAPACIDADES MOTORAS

ENSINAR OU DESPERTAR?

Não é sem motivo que a palavra "ensinar" aparece entre aspas. Se consultamos o Minidicionário Enciclopédico Escolar, de Ruth Rocha e Hindenburg da Silva Peres, o verbete informa que ensinar significa instruir, educar, adestrar, castigar.

O conceito apavora e concordar plenamente com ele seria um retrocesso, pois instruir e educar são conceitos aceitáveis, mas adestrar e castigar remete-nos justamente à escola da qual procuramos fugir. É por esse motivo que grafamos "ensinar" entre aspas, e também para refletirmos sobre o fato de que capacidades não se ensinam. Melhor seria afirmar que elas são despertadas, postas em atividade, e que, nesse sentido, o trabalho docente deve levar o estudante a acumular algo que já nasce com ele. Ao estimular as capacidades de seus alunos, o professor deve levá-los a aumentar seu potencial, acumular ações, transformar-se pelo acesso.

Quais capacidades podemos ensinar? Ainda que muitas sejam plausíveis e algumas delas se confundam com a própria mobilização de competências e estímulos às inteligências, nós nos fixaremos em três, as quais são pertinentes à escola que temos: as capacidades motoras, emocionais e, principalmente, cognitivas. Essa relação não difere muito das estabelecidas pelo Ministério de Educação e Cultura ao elaborar os Parâmetros Curriculares Nacionais (PCNs). A equipe do MEC sugeriu diversas capacidades que devem ser trabalhadas ao longo das diversas séries do ensino fundamental e, dessa maneira, todo professor que estudou esses documentos encontrará, a seguir, algumas idéias velhas associadas a outras que acreditamos inéditas.

DESPERTANDO AS CAPACIDADES MOTORAS: A ALFABETIZAÇÃO DO TATO

Qual é o momento mais importante na vida de uma pessoa? O instante em que motivada por pesquisas, atormentada por reflexões, animada por leituras, tal como entusiasta cientista, constrói e inventa sua tese, ou o instante em que ainda bebê, em seu berço, descobre com as mãos o brinquedo oculto pelo lençol que os olhos não vêem?

Em ambos os casos, a mente construiu a "hipótese". No caso do bebê, o tato foi o caminho que pela iniciativa do toque "despertou" a capacidade de imaginar o possível, provar a teoria que não se demonstra. A mente humana é admirável e, desde cedo, pode construir conclusões através da sensação: no exemplo, os dedos funcionam como olhos. Como o bebê não foi capaz de *enxergar* o brinquedo coberto pelo lençol, pode *vê-lo* com a extremidade dos dedos. Os padrões que existem no cérebro tendem a buscar idéias já existentes. Para que se estabeleça uma idéia nova é necessário antes criá-la mentalmente como possibilidade ou hipótese. Pense serenamente nessa experiência e depois responda quantas vezes você acha que ela foi desenvolvida em sala de aula?

Não é difícil imaginar sua resposta. Não se constitui uma praxe em sala de aula despertar a capacidade tátil, não só para aprimorá-la, mas sobretudo para torná-la "ferramenta" de pensamentos mais elevados, instrumento de deduções ou conclusões. Infelizmente, a imensa potencialidade tátil de um ser humano é desconsiderada em quase todas as salas de aula. As coisas acontecem como se fosse possível concluir que, por termos bons olhos, não precisamos de mais nada.

Embora o professor não faça do tato uma ferramenta de uso constante, ao menos algumas vezes seria importante utilizá-lo. Não seria possível, por exemplo, construir-se uma maquete para que o aluno a descobrisse com o tato? Será que o estudante que percorre o modelo cerâmico do corpo humano não o compreende melhor se o fizer com olhos vendados? Será que não existe muito mais aprendizagem significativa no modelo da física que primeiro tateássemos para depois olhar? Como será aprender química em escolas de deficientes visuais? Não podemos adotar suas lições para ampliar a construção de significados?

DESPERTANDO AS CAPACIDADES MOTORAS: A ALFABETIZAÇÃO DO OLHAR

A percepção visual é uma forte aliada da sabedoria. A sabedoria pode ser decorrente de muita leitura, sensíveis reflexões, vasta experiência ou até mesmo de mais anos de vida, porém pode ser obtida mais cedo pela ampliação da percepção visual, pelo olhar abrangente. No início, chega-se a esse olhando coisas, depois olhando-se e, finalmente, olhando idéias.

É essencial que nossos alunos aprendam a enxergar mais profundamente e descubram a sabedoria crescendo com seu crescer; é essencial despertar-lhes a capacidade motora de enxergar, alfabetizá-los primeiro em olhar e depois em ver.

Evidentemente, *olhar* é bem mais fácil que *ver*, além de ser naturalmente muito mais cômodo. No entanto, será que uma verdadeira educação pode prescindir da alfabetização do olhar? Será tão difícil a um professor ensinar seus alunos a verem? Será impossível ou por acaso difícil aos pais alfabetizarem, passo a passo, seus filhos nessa aprendizagem? Será que um professor de história, quando mostra um momento, não pode educar a abrangência e a plenitude dessa percepção? Será que somente indo à Mata Atlântica um professor de geografia pode ensinar aos seus alunos o caprichoso caminho da visão? Será que um professor de ciências, língua portuguesa ou língua estrangeira não dispõe de conteúdos que simbolizem excelentes exercícios para se treinar o olhar? Será impossível que a educação física aprimore essa capacidade? Será que um aluno pode verdadeiramente entender geometria sem que seja educado a olhar? Será que um *slide*, uma foto, um desenho não são ferramentas do olhar? Será que nossas escolas não poderão convidar fotógrafos e pintores para ensinar seu olhar aos alunos? Será que os recursos extraordinários dos microcomputadores não constituem convites a novas maneiras de olhar?

Seria ingênuo esperar que existissem manuais inteiramente prontos, que ensinassem aos professores os passos para o desabrochar dessa capacidade. Provavelmente não existem e, se fossem elaborados, teriam validade restrita a espaços ambientais nem sempre transferíveis. O campo visto por Monet certamente não era o mesmo que tão bem enxergou Van Gogh. Ambos, entretanto, ainda que vendo diferentemente, viam o que muitos de seus contemporâneos não sabiam ver. Pintar é antes uma habilidade visual que uma sensibilidade manual. Mais importante que buscar essas receitas é construí-las dentro da própria sala de professores.

Será que um grupo de educadores, realmente interessados em transformar essa idéia em projeto, discutindo algumas horas, não chegariam a idéias interessantes? Será que essas idéias, colocadas em prática, não sugeririam outras, depois mais outras? Convém não se argumentar que professores que não foram alfabetizados a ver não poderiam ensinar a seus alunos o que não apreenderam; basta lembrar que nem todo bom treinador foi jogador, ou que a pedra de afiar não corta!

Até quando podemos, impunemente, receber uma criança na escola e liberá-la, cerca de 20 anos depois, sem despertar duas de suas capacidades mais extraordinárias? Chega a ser surpreendente que, com a escola que temos, sejam forjados arquitetos, pintores e muitos outros artesãos do toque, peritos no enxergar.

DESPERTANDO AS CAPACIDADES MOTORAS: A ALFABETIZAÇÃO DO PALADAR E DO OLFATO

Existe um ponto de unanimidade entre diferentes correntes científicas que analisam o Brasil e o brasileiro. Sociólogos, antropólogos, educadores, economistas e outros profissionais são unânimes em reconhecer que o Brasil é o país do desperdício. E não há como negar isto: um simples olhar em volta mostra-nos que desperdiçamos energia e recursos, materiais e produtos de todo tipo, a toda hora e em todos os lugares. Cifras assustadoras lembram-nos que o quanto é jogado fora em cada obra da construção civil e em nossos depósitos de lixo constitui verdadeira afronta à racionalidade, tão essencial para a sobrevivência do planeta.

No entanto, não é apenas energia e recursos que jogamos fora; nossa educação atira pela janela imensas potencialidades, extraordinárias capacidades do ser humano. Um exemplo não menos espantoso desse desperdício é não explorarmos em nossos alunos os recursos admiráveis de seu paladar e de seu olfato.

Não raras vezes, pensando a educação como "quebra-galho", satisfazemo-nos com a mediocridade de um paladar restrito e de um olfato limitado. Costumamos imaginar que basta crescer distinguindo gostos amargos e doces, azedos ou ardidos. Para que mais? Basta identificar olfativamente o perfume importado de qualidade da colônia de terceira categoria, o mau odor da falta de banhos, do de talcos refinados e já nada mais se busca. Para quê? Acaso vamos ganhar mais dinheiro com o paladar do degustador ou com o olfato do perfumista? Usaremos na Engenharia ou na Medicina, na Administração ou na Economia uma sensibilidade mais aguçada? Ora, como a resposta é negativa, esqueçamos uma escola preocupada também com a educação, por que não dizer com uma verdadeira "alfabetização", do paladar e do olfato.

Apesar de importante, essa não pode ser a única maneira de pensar. É possível aceitarmos também a idéia de que os mestres podem ampliar de maneira incomensurável o potencial de seus discípulos. Pense no infinito olhar de mãe, carregado de ternura, em seu bebê que acaba de nascer. Por acaso não deseja que "tudo" lhe seja dado? Por acaso não ambiciona a vontade infinita de abrir todos os seus saberes, tornar-se imortal em sua dimensão de mestra, ampliando-lhe todos os horizontes? Será que o amor de mãe pode ser mercantilizado, ensinando apenas coisas úteis?

Até bem pouco tempo atrás, éramos herdeiros da concepção de que os talentos humanos vinham pré-programados na mente e que, por isso, nada poderia ser feito para estimulá-los mais. Tolamente, acreditava-se que as crianças "nasciam programadas" para serem hábeis ou inábeis, boas ou ruins, capazes ou incapazes. Restava-nos o consolo de apenas "desejar" que esta ou aquela criança nascesse programada com uma sensibilidade maior. Contudo, essas idéias estão ultrapassadas. Hoje sabemos que não é apenas possível, como também desejável, uma educação integral, plena, completa. Embora essa tarefa não seja fácil, certamente não é impossível. A mente humana, tal como os músculos, se treinada de maneira sistemática, seguindo-se um projeto coerente, com metas e estratégias claramente definidas, pode alcançar horizontes notáveis, limites ainda não descritos no ser humano.

Para os educadores que acreditam nessa nova educação, surgem duas dúvidas: será também esta a "minha" função? Em caso afirmativo, como desempenhá-la na aula de ciências, no ensino da geografia, na operacionalização da matemática? As respostas não são difíceis.

Se essa não for sua missão, de quem será? Dos pais, como complemento, sem dúvida e, além deles, de quem mais? Seria, porventura, missão dos advogados, dos contabilistas? Dos militares? É evidente que, quando se alfabetiza o olfato e o paladar, educa-se, e a quem cabe educar senão aos educadores?

Quanto à segunda pergunta, acreditamos tê-la respondido antes. Será que alguns minutos de reflexão não levariam o professor a algumas respostas? Será que uma reunião docente para essa explícita finalidade não abriria horizontes? Será que a bela humildade de se buscar entre os alunos propostas e sugestões traria apenas respostas negativas?

Será que o "não sei", aos poucos, não pode transformar-se em "vou tentar"? Será que "inventar receitas" não é bem mais saboroso que apenas imitá-las? Será que na magia de um sushi não pode esconder-se uma aula admirável sobre o Japão? Será que não podemos remontar ao Brasil Colonial pela culinária dos colonizadores? Será que a policromia de etnias que o país apresenta não pode ser alcançada pela análise de suas receitas culinárias? Será, enfim, que o admirável sincretismo religioso, tantas vezes difícil de ser explicado pela sociologia ou até mesmo pela filosofia, não se apresenta como síntese formidável em uma feijoada? Será que as bebidas de determinado país não refletem seu componente histórico, os produtos possíveis em seu clima? Será que não existe mais matemática ou mais química em uma macarronada que em um teorema?

DESPERTANDO AS CAPACIDADES MOTORAS: A ALFABETIZAÇÃO DA AUDIÇÃO

Quando ouvimos uma voz amiga ou uma música agradável, despertamos lembranças, revitalizamos saudades. A vida, já dizia o sambista, não é somente isso que se vê, é um pouco mais. Pouco? Por que pouco? A vida pode ser mais, muito mais, quando esticarmos o limite de sua percepção e aprendermos a ver e a ouvir, a fazer dos sons formas precisas e infinitas de comunicação.

Infelizmente, porém, a sensação do olhar é extremamente "gulosa" e, como vemos, praticamente nos esquecemos de ouvir. Passamos pelo tempo como se nossa capacidade auditiva fosse apenas um benefício suplementar, um recurso de relativa validade, evidenciando-se de maneira apenas mais significativa quando privados do olhar. Com essa concepção dos sentidos, é extremamente estranho considerarmos que é importante educar o olhar e fazer desse recurso de nossos alunos um elemento essencial de sua aprendizagem significativa e da atribuição de sentidos aos conteúdos escolares recebidos. Por tudo isso, não educamos a audição, não exaltamos a imensa delícia e riqueza que se escondem na propriedade de distinguir ruídos, perceber nuanças de timbres e, sobretudo, integrá-los como elementos de um cenário no qual vivemos e no qual buscamos conviver.

Experimente decompor as propriedades da audição da mesma forma como, por exemplo, podemos decompor as *propriedades das cores*.[1] Imagine-se "ensinando" cores a um aluno, mostrando-lhe as sutilezas do amarelo, as linguagens do verde e as nuanças do azul. Fale depois sobre as cores "frias" e as "quentes" e busque significado nas telas de Monet ou nas aquarelas de um ou outro colega de classe. Depois dessa experiência, passe para a progressiva, lenta, mas ininterrupta educação da audição. Tal como fez com as cores, faça agora com os sons. Leve-o a descobrir ruídos "altos" e "baixos", depois ruídos "agradáveis" e "desagradá-

PARA REFLETIR

APENAS SANSEI – PARA ENSINAR NÃO BASTA TÉCNICA

Shinichi Suzuki foi um professor imortal. Nascido em Nagóia, no Japão, era filho do fundador da maior fábrica de violinos do mundo. Educado da maneira como os japoneses gostam, apesar de seu berço de ouro, foi porteiro, operário, servente e gerente da fábrica de seu pai. Após completar seus estudos, particularmente em música, na cidade de Tóquio, viajou a Berlim, casou-se com Waltraud e estudou mais música durante oito anos, voltando ao Japão em 1928 para lecionar. Pouco a pouco, foi especializando-se em crianças e fundou o famoso Instituto de Pesquisa da Educação do Talento, conhecido no mundo inteiro.

Seu método para ensinar crianças pequenas a tocar violino divulgou-se por toda parte, foi introduzido em um dos mais famosos conservatórios mundiais na Faculdade de Oberlin, na Alemanha, e é bastante popular no Brasil. Causou sensível admiração em intelectuais de todas as áreas, e Howard Gardner não pode dispensá-lo para explicar e fundamentar a inteligência musical. Muito mais que um método, constitui-se em exemplo prático de uma maneira excepcional de se educar crianças e despertar sua sensibilidade para aprender música, mas é evidente que, se o desejarmos, também para aprender a pensar, escolher palavras, raciocinar de forma lógico-matemática, compreender a plenitude das relações de seu meio com os conceitos de espaço e tempo, administrar suas emoções, apreciar a beleza, descobrir a carícia e aprimorar suas potencialidades táteis, sonoras, auditivas. Representa, sem dúvida, uma estratégia interessante e funcional para se disciplinar a atenção.

As idéias do professor Suzuki fazem-nos concluir o quanto é crucial e importante guiar, em todos os sentidos, todas as inteligência e todas as competências possíveis de qualquer ser humano em sua infância. Ainda que atribuindo algum valor à carga hereditária, o ambiente estimulador ou desestimulante, no qual as crianças crescem, e no qual se relacionam com as coisas e as pessoas, as circunstâncias e o mundo, a educação e o treino de todas suas inteligências são extremamente cruciais para torná-las o que serão na vida adulta. Quando procurado por mães para matricular seus filhos, Sansei Suzuki começava por marcar, antes, aulas para elas mesmas. Após levar as mães a dominarem os rudimentos do método, aconselhava-as a tocar com ternura para as crianças, até que pedissem para imitá-las. Começava, assim, a despertar a genialidade. De resto, seu fenomenal segredo era treino, treino, treino e nada mais. São palavras suas: " ... dependendo desses dois pontos – prática e prática nas coisas certas – qualquer habilidade superior pode desenvolver-se em cada um de nós".

Shinichi Suzuki encantou o mundo muito antes de se conhecer o interior da mente humana e a maneira como ela opera o conhecimento e, por sua via, sua própria transformação. Sem sabê-lo, antecipou o que hoje as ciências cognitivas revelam: com exemplo, ternura, paciência e, sobretudo, persistência, podemos fazer de qualquer criança um ser completo.

veis"; os que "nada dizem" e os que escondem "inúmeros dizeres". Se quiser, invente nomes para alguns ruídos e brinque de criar palavras novas, integrando um som ao outro. Após exercitar o ouvido no presente, use a memória em uma primeira etapa e depois use igualmente a imaginação. Através da memória, busque nas lembranças alguns ruídos que não existem mais, a voz que se calou e aquela que ainda é possível reabilitar. Use e abuse das habilidades operatórias, ensinando o aluno a comparar, classificar, descrever, integrar, associar ruídos. Como quem reconstrói um cenário que já não se ouve mais, construa ruídos que ficaram no tempo, foram guardados pela história. Leve seus alunos a descobrir toda a grandeza de um gravador e faça do mesmo um novo "álbum de fotografias".

Quando sentir que seus alunos aprenderam a transitar pelos ruídos da memória – memória pessoal e memória coletiva, é importante realçar –, inicie outra aula: leve-os a pesquisar ruídos através de sua imaginação. Faça-os pesquisar músicas, inventar paródias, buscar mensagens sonoras para ilustrar a cena geográfica, o evento histórico, o ambiente ecológico. Faça brincadeiras de associar experiências matemáticas diferentes a diferentes ruídos. O *rock* está mais para uma equação de primeiro grau ou para uma raiz quadrada? A valsa vienense evoca uma época, reconstrói um lugar, mas não poderia ser prefixo para o máximo divisor comum? Ou, quem sabe, a suavidade de seu ritmo não poderia ser associada ao movimento cardiorrespiratório? E o samba? Que dizer então do chorinho? É melhor aprender inglês com o tango, ou seria melhor com uma balada? Experimente dividir sua classe em grupos, atribuir a cada equipe um tema diferente dos que você trabalha e levar os alunos a reconstruir esses elementos com uma experiência sonora. Quem fica com a Mata Atlântica? E com o cerrado? Que música descreveria melhor a vegetação costeira? Devemos associar essa formação aos sons do mar? A tabela periódica dos elementos químicos não poderia insurgir-se em pautas musicais? O raciocínio da física não estaria impregnado de analogias sonoras? É possível pensar em Aristóteles sem associá-lo a uma opereta? Qual tema da geometria se mostraria mais claramente vivo em uma Rumba? São realmente infinitos os caminhos da descoberta e da alfabetização sonora.

DESPERTANDO AS CAPACIDADES MOTORAS: O MOVIMENTO COMO RECURSO PEDAGÓGICO
A aula de educação física, quase sempre e para a maior parte dos alunos, é o momento mais desejado da rotina escolar. Em escolas conservadoras, é a oportunidade para o movi-

mento, o grito, o abraço, o entusiasmo. Não raramente se cultua o corpo e dá-se vida ao esporte.

Todavia, será que em muitos momentos, em outras disciplinas, também não é possível usar o corpo e o movimento como recurso ou linguagem de comunicação de conteúdos? Será que um aluno que realmente aprendeu história não pode falar de seus saberes sem palavras, com a linguagem corporal? Será que não podemos usar a coreografia do movimento, a magia da mímica, para explicarmos teorias, sugerirmos hipóteses, detalharmos eventos? Até quando o encantamento das quadras não pode invadir a sala, e os saberes cognitivos da vetusta sala não serem procurados na quadra? Imagine o que, juntas, não podem combinar a professora de geografia com sua colega de educação física? Já imaginaram na leitura de uma dança a explicação do corpo humano? Já pensaram em um planejamento integrado entre a disciplina do corpo e a mensagem da mente? Já perceberam que, com essa conexão, não mais se separa o que na vida é verdadeiramente inseparável? Quando, séculos atrás, o povo grego ensinava que a mente sadia somente habita um corpo saudável, não se fazia dicotomia entre um e outro, e sim integrava-os em uma procura única. Será que é possível separar o estudo da dança no Brasil do estudo da própria cultura brasileira? Será que não existe mais samba na história que história no samba? Já imaginaram um roteiro de geografia do Brasil, ou do mundo inteiro, através dos ritmos, das danças, dos movimentos corporais? Será assim tão difícil reabilitar um tempo de tão expressivo valor? Será assim tão complicado tentar?

NOTA

1. Propriedade das cores – Para maior aprofundamento desse tema, acreditamos ser imprescindível a leitura de *Arte, Mente e Cérebro*, de Howard Gardner, publicado pela Editora Artmed, Porto Alegre, 1999, particularmente a parte intitulada "O desenvolvimento artístico nas crianças".

7

COMO "ENSINAR" CAPACIDADES? AS CAPACIDADES EMOCIONAIS

MODISMO OU NECESSIDADE: É POSSÍVEL EDUCAR EMOÇÕES?
Se existe um consenso inquestionável entre os educadores do mundo ocidental é o de que a escola, sejam quais forem seus fundamentos epistemológicos, deve preocupar-se em despertar nos alunos o acesso a suas emoções. Depois que os estudos neurológicos e as experiências comportamentais mostraram que podemos aprender procedimentos que visam a administrar com alguma ênfase nossos estados emocionais e, sobretudo, depois de Gardner e Goleman, em Harvard, popularizarem exemplos de formas desses estímulos, tornou-se uma verdadeira "febre" institucional a educação ou até mesmo a *alfabetização* emocional.

A popularização dessas idéias oportunizou, como sempre ocorre em circunstâncias análogas, uma verdadeira "enxurrada" de aspectos positivos e outros negativos sobre essa nova forma de educação. Entre os positivos, cabe destacar uma onda de publicações sobre a mente humana e a maneira como opera circunstâncias emocionais, pesquisas intensas revitalizando e atualizando estudos de Kohlberg, Coopersmith, entre outros, e alguns experimentos, inclusive brasileiros, com inegáveis resultados alentadores. É bem verdade que a rápida popularização dessas idéias também ocasionou muitas colocações ingênuas, canonizou novos "profetas" dessa linha de educação e respondeu por teses ingênuas, para não dizer inviáveis.

No entanto, entre o bem e o mal, parece prevalecer o primeiro, sendo possível ao educador sincero e estudioso trabalhar na laboriosa separação do joio perdido entre tanto trigo imprescindível.

Não podemos, em uma obra desta natureza, mergulhar na profundidade do assunto com a intensidade que o tema merece, embora tentemos não ficar na superficialidade de idéias repetidas. Queremos relatar experiências pessoais bem-sucedidas nessa linha de educação, ressaltando que foram e estão sendo promovidas em escolas comuns, públicas ou privadas, sem alterações substanciais em seus currículos, sem a importação prematura de especialistas e, sobretudo, assumindo as limitações de nossas salas de aulas, quase sempre com muito mais alunos que o recomendado, trabalhadas, algumas vezes, por professores idealistas, mas afogados em tanto anseio para tão escasso tempo. Tentaremos convencer o professor de que a educação de capacidades emocionais é plenamente possível, altamente satisfatória e realmente deve ser tentada em toda escola de qualquer parte, não porque está na moda, e sim porque essa moda vale a pena.

QUE "PRODUTOS" BUSCAR, QUAIS OBJETIVOS PERSEGUIR?

Esqueça os estímulos para despertar as emoções de seus alunos se você acredita que através desses estímulos conquistará uma disciplina maior; esqueça-os também se imaginar que um trabalho nessa linha "domesticará" sentimentos, ordenará comportamentos e atrairá "simpatias" e bondades.

O trabalho com as capacidades emocionais, o estímulo às inteligências intra e interpessoais não serve para nada disso. Educam-se emoções para que o aluno conheça-se melhor, compreenda que sentimentos de solidariedade e de empatia não surgem tão espontaneamente quanto se imaginava antes.

Guardadas as devidas proporções, a importância educacional de um trabalho de capacitação emocional é tão significativo quanto um outro que se faça, por exemplo, no âmbito da educação alimentar. Um aluno que compreende como e por que deve alimentar-se, que escolhas priorizar, em quais circunstâncias uma opção indevida pode ser mais ou menos grave, por certo estará melhor preparado para viver bem e explorar toda potencialidade de seu corpo. O mesmo acontece quanto à compreensão de suas emoções. O sujeito que cresce com a capacidade de se dar ordens, não como quem as repete por terem sido ouvidas de uma autoridade, mas como quem as promulga como um Eu autônomo e legislador de si mesmo, é uma pessoa emocionalmente alfabetizada.

Não é mais aceitável conviver com uma escola onde os alunos, ao entrarem, "pendurem" no cabide imaginário das convenções protocolares sua auto-estima e sua alegria em se

---

AUTORES E OBRAS

LAWRENCE KOHLBERG E O DESENVOLVIMENTO MORAL

Kohlberg (1926–1987), psicólogo e filósofo norte-americano, seguidor das idéias de Piaget, é autor de uma obra profunda sobre o desenvolvimento moral, tendo fundado o Centro de Desenvolvimento Moral, na Universidade de Harvard.

Para esse cientista, a consciência moral associa-se ao desenvolvimento biológico da razão humana, sendo perfeitamente plausível educá-la. Retomando e aperfeiçoando o modelo piagetiano de desenvolvimento moral, criou um verdadeiro aparato metodológico e estruturou uma programação de educação moral e, portanto, emocional.

Kohlberg propõe seis estágios de desenvolvimento moral da infância à adolescência e conclui que o desenvolvimento completo pressupõe que o indivíduo tenha chegado ao último estágio do desenvolvimento cognitivo, o estágio do pensamento formal. Alerta que essa é uma condição necessária, mas não suficiente, tornando-se, assim, importante o papel do educador moral como agente promotor de análises, discussões, avaliações e julgamento das situações reais vividas pelos alunos dentro e fora da escola. Esse educador utiliza-se de *dilemas morais* para os quais os alunos devem sugerir soluções, justificando racionalmente sua escolha; as *entrevistas clínicas*, que envolvem os alunos com argumentações e contra-argumentações morais, e ainda *filmes e vídeos* que permitem analisar, através dos gestos, as condutas morais.

LEITURAS SUGERIDAS

COLL; MARCHESI; PALÁCIOS. *Desenvolvimento psicológico e educação.* Porto Alegre: Artmed, 1995. v.2 e 3.
DEVRIES, R.; ZAN. *A ética na educação infantil.* Porto Alegre: Artmed, 1997.
FONTANA, D. *Psicologia para professores.* 2.ed. ver. atual.. São Paulo: Manole, 1991. Caps. 9 e 10.
PAPALIA, D.E.; OLDS, S.W.; FELDMAN, R.D. *Desenvolvimento humano.* 7.ed. Porto Alegre: Artmed, 2000.
PIAGET, J. *O julgamento moral da criança.* São Paulo: Mestre Jou, 1997.

conhecer, suas mágoas e suas frustrações. Ou a escola também é um centro de convivência social, ou nem mesmo pode ser considerada como tal.

QUAIS FAIXAS ETÁRIAS TRABALHAR?

"Todas". Essa palavra representa uma das mais fortes cenas da obra imortal de Jorge Amado, *Os velhos marinheiros*. A pergunta fora feita para avaliar a efetiva capacidade e o pleno conhecimento do capitão, que se acreditava embusteiro. E essa foi a resposta fulminante, não permitindo a incerteza, não divagando pela dúvida. Assim também pensamos quando se indaga sobre quais as idades para se capacitar emoções. Todas as idades e se possível, desde o *sexto mês de gestação*.[1]

Contudo, é preciso trabalhar todas as idades de maneira significativamente diferente. É bastante provável que os bebês possuam esquemas inatos para perceber emoções. Experiências impossíveis de serem omitidas mostram que, desde a décima semana, os bebês compreendem algumas expressões faciais, identificam falas emocionais – de entusiasmo ou negação – dos pais e já no final dos primeiros 12 meses reagem perante as emoções dos outros, ainda que não procurem provocá-las. Nos meses seguintes, aumenta progressivamente o número de intervenções emocionais das crianças e, por volta de 18 meses, já buscam intervir, demonstrando afeto e compaixão. Porém, as evidências de estados emocionais não envolvem a necessidade de uma educação emocional "direta". É importante, assim, que convivam com adultos que conheçam alguns fundamentos da educação emocional.

Até os 12 anos, antes até da eclosão da fase que Piaget chamou de operações abstratas, a capacitação emocional deve ser desenvolvida com os pais e com os professores, esses visando ao seu trabalho com os alunos. A partir dessa fase, o trabalho pode assumir um caráter sistemático em sala de aula, com um espaço de tempo equivalente a uma aula semanal.

Sugere-se, dessa maneira, uma visível e imprescindível separação de linhas: a alfabetização emocional, antes da abertura plena das janelas intra e interpessoais, modela a conduta de professores, o treinamento de educadores e funcionários administrativos, a ação integrada de um trabalho "de fora" dirigido aos alunos e, dessa idade em diante – sexta ou sétima série do ensino fundamental ou ciclos equivalentes –, também "dos alunos" para fora, para a sociabilidade que a escola propõe.

QUEM CAPACITARÁ O ALUNO? QUEM FARÁ TRABALHO COM AS CLASSES?

Não imaginamos uma escola onde alguns professores sejam "alfabetizadores emocionais" e outros não. Ao abraçar o projeto de se desenvolver as capacidades emocionais dos alunos, é essencial que toda a equipe – docente e administrativa – esteja integralmente envolvida. O papel que se espera dos professores não é o mesmo que se solicita de diretores; as propostas que se almeja para orientadores educacionais não são semelhantes àquelas do pessoal da segurança ou da limpeza, mas a variação de papéis não diminui a responsabilidade de toda a equipe nessa ação.

Nas faixas etárias iniciais, todos os professores precisam receber orientação para o trabalho e, a partir dos 12 anos, quando esse trabalho torna-se presencial e direto, orientações específicas deverão ser passadas aos que assumirem tal função. Nada impede que em uma sétima série, por exemplo, o "alfabetizador emocional" seja o professor de ciências, na oitava série o professor de história, na primeira série do ensino médio a professora de inglês, e assim por diante, desde que tenham domínio sobre os fundamentos de como trabalhar as emoções em sala de aula.

Embora não seja difícil preparar um alfabetizador emocional, mostrando-lhe estratégias e procedimentos que possam conduzir sua ação junto aos alunos, é importante destacar que essa função também não pode ser desenvolvida sem esse preparo, sem a clara definição de objetivos do que e como se educa emocionalmente, sem a seleção, entre a equipe docente, dos profissionais mais coerentes com esses objetivos, enfim, sem se organizar um cuidadoso projeto.

A IMPORTÂNCIA DE UM PROJETO

Assistimos, nestes últimos anos, a inúmeras experiências de capacitação emocional naufragarem e muitas outras alcançarem a plenitude de seus objetivos, "abrindo" os alunos para o autoconhecimento, para a administração de suas emoções e para a projeção positiva de sua auto-estima, automotivação e capacidade de comunicação interpessoal. A diferença entre experiências bem e malsucedidas, na maior parte das vezes, está ligada à maneira como esse ideal foi implantado na escola. Quando essa implantação ocorreu acidentalmente, desenvolvida aqui e ali quando alguém havia lembrado, aproveitando salas onde faltaram professores, o resultado foi pífio; quando, ao contrário, essa implantação estabeleceu-se como resultado de um *projeto*[2], com metas delineadas, cronograma estabelecido, estratégias implementadas, pessoal plenamente envolvido e avaliação consistente, os resultados foram e continuam sendo excelentes. Acreditamos que a capacitação emocional não pode navegar ao sabor da acidentalidade ou sob o impacto do modismo, devendo ser implantada com seriedade e metas a serem atingidas.

COMO É A "AULA" DE CAPACITAÇÃO EMOCIONAL?

É bem mais fácil dizer como *não é* a aula de capacitação emocional. Obviamente, não é uma aula expositiva, não é um discurso. Não se fala de *auto-estima*, paixões, frustrações, alegrias, desencantos, comunicação interpessoal, ética, solidariedade e outros itens da *programação* (Antunes, 1998) como se fala de logaritmos ou de eletrodinâmica. Não se trata de informar conteúdos, ministrar saberes, verbalizar sentimentos.

Temos obtido interessantes resultados com o emprego de *estratégias de sensibilização*, em que o papel do capacitador muda de feição. Já não é mais o professor ensinando, falando, expondo os saberes que melhor conhece para quem não os conhece bem; é, efetivamente, um *professor-capacitador* que conhece jogos operatórios, sabe trabalhar estudos de caso, aprendeu estratégias para aguçar sensibilidades e as utiliza para propor discussões, sugerir debates, angariar depoimentos e, raramente, eleger conclusões. Uma "aula" de capacitação emocional é um intenso debate – e, se possível, apaixonado – sobre um tema, organizado por meio de uma dinâmica de grupo previamente definida, em que o professor é um desafiador de idéias, um condutor de pensamentos, um organizador de reflexões. Usando como elemento excitador das idéias o jogo operacional escolhido, o estudo de caso selecionado, os diálogos com argumentação e contra-argumentação frente ao item programático que se quer desenvolver, cabe a esse professor-capacitador suscitar discussões, desenvolver idéias, buscar consensos, estimular a troca de experiências, dar e tirar a palavra, conduzir o debate na direção dos fundamentos filosóficos que se pretende estabelecer e, passo a passo, construir vivências coletivas a partir das experiências individuais.

QUE "PROGRAMA" DESENVOLVER?

Felizmente, não existe um "programa oficial" para capacitar moralmente os alunos na fase da autonomia. O bom programa é sempre aquele inspirado nos anseios dos alunos, em suas necessidades emocionais, no envolvimento interpessoal com seu meio social.

Nesse sentido, as idéias que propomos a seguir expressam apenas uma eventual sugestão, fugindo da pretensão de um modelo inquestionável. Nesse contexto, seria possível pensar em trabalhar o *autoconhecimento*, a *auto-estima*, a *administração de alguns estados emocionais*, a *ética pessoal, social e profissional*, a *empatia*, o *relacionamento* e a *comunicação interpessoais*, bem como a *automotivação*. Em mais de uma circunstância, assistimos com êxito a uma feliz associação entre a capacitação emocional e os trabalhos com eixos temáticos sugeridos pelos temas transversais e, nesse caso, a listagem de conteúdos trabalhados emerge dos PCNs.

Não pensamos que deva ser motivo de preocupação apresentar uma lista de "quantas" emoções capacitar. Existem mesmo dúvidas a respeito de quantas emoções verdadeiramente existem. Para alguns pesquisadores seriam cinco (alegria, tristeza, medo, asco e fúria), outros a estas acrescentam a "surpresa" e mais recentemente se procura separar "alegria" de "contentamento" e "tristeza" de "depressão", elevando esse número. A "quantidade" de emoções a se trabalhar é irrelevante, o essencial é que sua interferência na aprendizagem seja visto como fato indiscutível. Um tema ouvido sem excitar as emoções é mais rapidamente esquecido quando estas o emolduram.

Não há motivo para se preocupar com a quantidade de emoções a serem trabalhadas e nem de torná-las itens de programas, até mesmo porque raras vezes a emoção surge de forma isolada. Mais importante que quantificar, separar ou isolar emoções é respeitar sua existência e promover debates envolvendo-as. De qualquer forma, porém, existem dois pontos essenciais em qualquer trabalho de capacitação emocional, atribuam-se a eles o nome que for: ajudar o aluno a *ser feliz* e torná-lo apto a *alcançar a perfeição*.

É importante fazer os alunos descobrirem que a busca pela felicidade pode apoiar-se na simplicidade e na imensa alegria de "ser", suplantando a ambição consumista do "ter" e que o alcance da perfeição precisa estar contextualizado ao limite das possibilidades. Em síntese: ser feliz não é necessariamente fazer aquilo com que se sonha, mas sonhar com aquilo que se pode e com que se tem. É importante que o aluno de 12 anos ou mais descubra, através de estudos de caso que se refletem em seu eu, que o âmbito de nossos desejos é sempre maior do que "somos", do que "podemos" e do que "devemos" e que viver consiste em se buscar essa difícil conciliação.

A AVALIAÇÃO DOS RESULTADOS

No Capítulo 4, mencionamos a expressiva diferença entre uma avaliação que persegue "valores máximos" de uma avaliação centralizada no aluno e em seu progresso, ou seja,

PARA REFLETIR

AUTO-ESTIMA: ÓBVIO DEMAIS

A questão da auto-estima foi muito bem estudada por Stanley Coopersmith, que desenvolveu inúmeros trabalhos sobre o seu desenvolvimento no ser humano, referindo-se a ela como "o valor que o indivíduo atribui a si mesmo". Coopersmith iniciou a sua investigação com uma amostra de meninos de 10 anos e seguiu-os até o início da vida adulta. Utilizando farta bateria de testes psicológicos e de autoclassificações, descobriu que sua amostra poderia ser dividida de forma consistente em três grupos, que denominou de auto-estima "alta", "média" e "baixa", verificando que os primeiros demonstravam possuir opinião extremamente positiva sobre si mesmos e sobre suas habilidades, apresentando-se confiantes, envolventes e pouco se importando com críticas negativas. Os de média auto-estima apresentavam algumas dessas qualidades, mas eram menos seguros, mais conformistas e mais ansiosos quanto à sua relação social. Os de baixa auto-estima, formavam um grupo triste, isolado, inseguro e extremamente sensível às críticas, com tendência a apresentar baixo rendimento escolar. Para maior aprofundamento do assunto, consultar *Psicologia para professores*, de David Fontana. (São Paulo: Manole, 1991.)

O que os tornava uns diferentes dos outros em relação à auto-estima que possuíam ligava-se sempre aos lares de onde provinham. Os que tinham crescido entre pais que os consideravam interessantes e significativos, que demonstravam respeito por sua opinião, animando-os à curiosidade e ao desafio, mostravam excelente grau de confiança e serena capacidade de adaptação aos desafios do crescimento e, nesse aspecto, opunham-se aos crescidos em lares amargamente críticos, com limites disciplinares extremamente rígidos ou inconstantes e padrões disciplinares irregulares. A auto-estima, e isso é óbvio demais, não se circunscreve a equipamentos neurais, características biológicas ou padrões materiais com que se cerca o crescimento, e sim à educação que se ministra. Esses estudos trouxeram para as mãos de avós, pais e educadores a certeza de que somente essas mãos e suas ações – e mais nada – constroem a auto-estima que se levará pela vida inteira. Seguramente, podemos dar adeus a teorias do passado ou a idéias padronizadas de que "alguma coisa" além da educação pode influir no valor que atribuímos a nós mesmos e na confiança com que caminhamos pela vida.

A análise de Coopersmith mostra com firmeza o papel da família, mas o circunscreve não apenas a ela. Os amigos que se tem, a escola que se freqüenta e os professores com os quais se convive completam o esboço dessa forma de ser modelada no lar. Casas e escolas com limites disciplinares claramente definidos, pais e mestres que evitam punições corporais, substituindo-as por recompensas por bom desempenho, que estimulam as amizades, que ensinam a sociabilidade, demonstrando interesse por todos os assuntos dos filhos ou de seus alunos não são apenas figuras que se guardam com paixão, lembranças que se acalentam com saudade, mas sobretudo arquitetos da automotivação e da capacidade de querer bem o próprio eu. No lado avesso dessa formidável construção, apareciam lares e escolas injustas, onde padrões disciplinares flutuavam entre a super-rigidez ou a superpermissividade, e pais ou professores responsáveis por deformações temperamentais incuráveis. A óbvia verdade é que o cérebro em formação extrai e interioriza para todo o sempre o quadro que os adultos fazem dele.

Guardadas as devidas proporções, e invadindo-se a seara das ironias, é lícito afirmar que os estudos de Coopersmith representam para a educação emocional um papel semelhante que o exame de ultra-som representa para a definição do sexo da criança que irá nascer. Se seu advento quebrou a curiosa expectativa da adivinhação, substituindo-a pela incontestável certeza da tecnologia, esses estudos também revelam que não existe sorte ou azar na escultura da auto-estima de quem educamos. Mais do que nunca, está nas mãos de quem educa, e somente nelas, o sucesso ou o fracasso escolar, a vida limitada pela insegurança e pela indecisão ou a alegria de crescer e a serenidade para fazer amigos e construir a felicidade.

inspirada em "valores ótimos". Não resta dúvida alguma de que são as linhas estruturais desta última que devem avaliar os alunos quanto aos seus "progressos" emocionais. Diferentemente de um treinamento que sinaliza o ponto final e mostra que o aluno aprendeu, o trabalho com a capacitação emocional não o leva a uma aprendizagem quanto ao domínio sobre o saber, e sim quanto à sua eventual transformação.

É natural, contudo, que a sutileza dessa transformação possa ser identificada através de *alguns paradigmas*, não podendo ser extremamente aberta e generalista. Além disso, é essencial que o registro dessa transformação organize-se em um relatório completo, um verdadeiro *portfólio*[3] que registrará os passos progressivos desse processo.

NOTAS

1. Segundo pesquisas realizadas pela neurologista norte-americana Marian Diamond, desde os seis meses de gestação, por volta da 24ª semana de gravidez, o feto já pode ouvir e "responder" com serenidade "recados" enviados por sua mãe, que possui voz aguda, e por seu pai, que possui voz mais grave. Ouvindo essas vozes especialmente dirigidas, o futuro bebê "reconhecerá" nas vozes dos pais um ambiente relativamente similar ao ventre materno. Para maiores informações, ler *Árvores maravilhosas da mente*, de Janet Hopson. (Rio de Janeiro: Editora Campus, 2000), ou ainda *A construção do afeto*, de Celso Antunes (São Paulo: Augustus, 1999).

2. Todo projeto é um plano que descreve as ações necessárias para a realização de um objetivo e que inclui o período de tempo e os recursos essenciais à sua execução. Representa sempre um trabalho em profundidade sobre um tema e é caracterizado por objetivos gerais e específicos, etapas de seu desenvolvimento, cronograma, sistemas de avaliação, além de outros elementos. Para um maior aprofundamento sobre esse tema, consultar o Fascículo 7 da Coleção "Na Sala de Aula", de Celso Antunes (Petrópolis: Vozes, 2001).

3. O portfólio é um conjunto de informações sobre o desenvolvimento de um aluno durante o período letivo, organizado e classificado segundo normas próprias, que reúne todo material e registro do desempenho desse aluno, tal como textos, gráficos, poesias, desenhos, folhas de pontuação, inventários de observação feitos por professores e por outros alunos, gravações de vida e outros recursos. Esses portfólios permitem a construção de perfis cognitivos completos e o registro detalhado da evolução do aluno e de suas linguagens em diversas inteligências. Para aprofundar o tema, pode-se consultar Shores e Grace (*Manual do Portfólio*, Porto Alegre: Artmed, 2001).

8

COMO "ENSINAR" CAPACIDADES? AS CAPACIDADES COGNOSCITIVAS

Imagine que, em um possível sonho, você ouça o convite:

> Venha comigo! Entre nesta escola que aqui você aprende matemática e língua portuguesa; aprende história, ciências, geografia e informática e aprende também os mistérios, encantos e linguagens da arte, da escultura e da música, de línguas estrangeiras e dos movimentos do corpo. Venha comigo! Entre nesta escola que aqui você aprende a perceber, passo a passo, a abertura de suas inteligências, de todas elas, a acessar suas capacidades emocionais e motoras, a descobrir as múltiplas faculdades em mobilizar os recursos de seus saberes, habilidades e informações e, sobretudo, nesta escola, você aprende a pensar, a estudar, a aprender, a estabelecer metas, a pesquisar e a se auto-avaliar.

Imagine, em uma segunda instância, que necessite decidir, entre tantas propostas ouvidas, quais as essenciais, as mais tentadoras. Para facilitar, imagine finalmente que o convite não possa ser integralmente aceito e que, de tantas ofertas, você ficará apenas com algumas poucas. Qual a escolha?

Observe que encanto existe em todas e que o fascínio da descoberta acompanha cada uma, mas repare que algumas são essenciais ao domínio de outras. Perceba que as *capacidades cognoscitivas* de pensar, estudar e aprender, pesquisar, auto-avaliar-se, ler um texto, assistir a uma aula são verdadeiras "chaves" para a abertura de outras. Quem aprende a pensar aprende a pesquisar; quem aprende a estudar e a explorar diferentes habilidades, na verdade, aprende a estabelecer metas – aprende a aprender.

É POSSÍVEL APRENDER A PENSAR?

O pensamento revela alguma identidade com a respiração. Melhor afirmando, a respiração humana serve de metáfora para refletir o aprender a pensar. Não precisamos aprender a respirar, nascemos respirando, e essa condição permite que com o ar absorvamos a própria vida. Porém, quando da prática de uma atividade aeróbica exige-se bem mais da função cardiorrespiratória, certos preceitos, certas normas são de incontestável valia. Um profissional que observa um esportista, em alguns momentos, sugere inspiração e expiração mais ativa ou mais moderada, associada ou não a um movimento; nessa oportunidade, o atleta também aprende a respirar melhor e, por essa via, a extrair resultados mais significativos de seu desempenho cinestésico.

Com o pensar não é muito diferente. Parece um processo natural e todos nós estamos satisfeitos com essa capacidade – não é surpreendente que possamos até mesmo nos insurgir com a idéia de aprender a pensar.

No entanto, tal como o exemplo da respiração, é possível melhorar a qualidade do pensamento, aumentar a potencialidade da reflexão. A prova mais evidente dessa capacidade é a conquista de muitos indivíduos com respeito à excelência de suas reflexões, é a existência da própria filosofia e dos fundamentos infinitos da metafísica. O que torna o ser humano diferente não é apenas a capacidade de pensar, e sim a de utilizar diversas formas de pensamento para procurar um melhor conhecimento da realidade, uma convivência harmônica com seus semelhantes e a possibilidade de se sentir agente construtor da própria felicidade. Quando se aprende a pensar, criam-se conceitos, relações e projetos. Não acreditamos que a estátua "O Pensador", de Rodin, possa pensar, mas não duvidamos do genial pensamento do escultor antes de transformar o bronze amorfo na obra imortal.

COMO AJUDAR A CRIANÇA A PENSAR?

A educação do pensamento, como já dissemos em outra obra[1], começa junto com a educação da fala. Existe um abismo imenso entre os balbucios da criança que se descobre articuladora de sons e o "mamã" que usa, tempos depois, para anunciar a chegada de quem ama e espera. A criança aplica sentido lógico aos seus pensamentos quando verbaliza ou quando, brincando, fala consigo mesmo. Pais que, extremamente ansiosos, forçam seus filhos a falarem rapidamente mostram tanta insegurança na educação do pensamento como quando, com a mesma ansiedade, não sabem esperar o instante dos primeiros passos.

Na descoberta do falar, os pensamentos da criança precisam ser verbalizados com extrema clareza, devagar, sem qualquer ansiedade, livre de qualquer precipitação, conquista por conquista, palavra por palavra. Um dizer tempestuoso a uma criança em nada ajuda na sua paciente descoberta da relação entre pensar e depois falar. É extremamente negativo propor à criança frases muito longas, ordens confusas, reflexões contraditórias, que gerem confusão no pensar. Assim como se vai do peito à mamadeira, desta à sopinha para, com paciência, chegar ao bife, também é importante que se caminhe de palavras claras, frases curtas, para pensamentos cada vez mais amplos, para a expressão de idéias cada vez mais significativas.

A APRENDIZAGEM DO PENSAMENTO NA EDUCAÇÃO INFANTIL

A educação infantil, a primeira "sala de aula" da criança, constitui um mundo novo, um ambiente excelente para exercitar o pensamento. Representa "alguma coisa" entre a exploração e a surpresa, a descoberta e o susto. As atividades que estruturavam seus pensamentos em casa – andar, correr, entender palavras, falar, vestir-se – não mais exigem seu maior esforço do pensar; agora existe um espaço infinito para a imaginação, a amizade, a criatividade, mas também para frustrações e desencantos.

Nessa admirável fase, que vai dos dois aos seis anos, o pensamento organiza-se, porém se organizará melhor se ao metabolismo evolutivo do cérebro, for possível proporcionar:

- Professores que efetivamente estudam as características dessa fase, que gostam de ler e aprender e que jamais acreditam que seus saberes são definitivos.
- Pais e professores que conhecem as necessidades e características emocionais da criança nessa idade e sabem, dentro dos limites razoáveis, como atendê-las.
- Escolas com planejamentos pedagógicos definidos, elaborados segundo as peculiaridades de sua clientela, que prevejam os processos progressivos de acompanhamento do pensamento da criança.

- Pais e professores que lêem diariamente para seus filhos e alunos, evoluindo progressivamente a duração, as dificuldades e os desafios propostos pelas leituras.
- Espaços diferenciados nos quais a criança possa explorar pensamentos inteligentes através de diferentes linguagens, praticando a música, o desenho, a descoberta de palavras em outro idioma, as atividades que animem seu equilíbrio, a pontaria, a destreza e que explorem seu tato, paladar, olfato, percepção de cores e ainda outras linguagens.
- Ambientes onde exista carinho e afeto para ouvir a criança com sensibilidade e empatia, respeito e elogio por seus trabalhos e expectativas de realizações compatíveis com sua idade.
- Encorajamento contínuo para explorar a progressão de seu pensamento, os caminhos de seus sonhos imaginários, seu espírito inventivo, seus "amiguinhos de faz-de-conta"[2], que proponha desafios para devaneios estruturados em termos de idéias concretas.
- Estímulos para que a criança possa desenvolver sua *fala particular*, isto é, o diálogo consigo mesma e com seu mundo imaginário, e todos os imensos benefícios ao pensamento trazidos por essa prática.
- Ambientes específicos para estímulos à criatividade, que honram o esforço imaginativo do pensamento da criança, e igualmente ricos em produtos diversificados que se alternam sempre, guardados por algum tempo para depois reaparecem, tais como botões, caixas de papelão, canudos de refrigerantes, ferramentas simples, espelhos, lentes de aumento, computadores em desuso, rádios de pilha, despertadores, papel, tintas, perucas velhas, tesouras sem ponta, lápis de cor, panos coloridos, cartazes, chapéus, bonecos, quebra-cabeças, fantasias, etc.
- Espaços e ambiente lingüísticos ricos e atraentes, onde seja possível falar, cantar, ouvir músicas, experimentar teclados, e que disponibilizem para uso, em horários definidos e com regras, instrumentos musicais como gaitas, marimbas, maracas, xilofone, violão, entre outros. Uma oportunidade para que as crianças possam iniciar-se no domínio de uma língua estrangeira, uma vez que essa faixa etária é, *comprovadamente*[3], a mais indicada para tal iniciação.
- Professores que não só estimulem, como também organizem passeios e apresentem constantes projetos de "aventuras de descobertas", como a de descobrir uma árvore,

- um jardim, uma rua, uma oficina, um banco. Além disso, que complementem essas visitas solicitando às crianças relatórios – falados, desenhados, pintados, etc. – sobre suas experiências e suas descobertas.
- Pais e professores que usem com moderação o computador e iniciem a criança na compreensão e no domínio de suas múltiplas ferramentas.

Talvez ainda mais importante que toda essa multiplicidade de estímulos ao pensamento divergente da criança, seja realmente o cronograma pedagógico definido com metas claras e definições precisas da utilização dos recursos disponibilizados.

Tudo o que foi exposto neste item, se jogado anarquicamente sobre a criança, desordenado em uma oferta sem limites, muito mais atrapalha que ajuda a pensar. Pensar, nessa idade, não é difícil, desde que exista paciência, serenidade e muita ordem.

A APRENDIZAGEM DO PENSAMENTO NAS FASES DO ENSINO FUNDAMENTAL E MÉDIO

O corpo é um só e a falência de um órgão vital é tão comprometedora para a sobrevivência quanto a falência de vários órgãos. Não consola mais a viúva sofredora saber que o esposo não morreu de problemas múltiplos, mas da lesão de apenas um órgão. Essa metáfora também vale para o pensamento.

Quando pensamos, usamos ao mesmo tempo diferentes tipos de pensamentos, estimulamos simultaneamente diferentes formas de inteligências, mas o conhecimento de cada tipo de pensamento, de cada "produção" inerente a cada uma das inteligências, ajuda melhor a compreender como a mente opera e também ajuda a atuar de forma significativa na direção dessa operação. O diagnóstico médico geralmente isola e trata o órgão doente, mesmo sabendo que para a vida importa uma eficiência integral dos órgãos.

Considerando esse fato, parece que um dos primeiros cuidados para ensinar uma criança de sete a oito anos a pensar é mostrar-lhe que existem diferentes tipos de pensamentos, que cada tipo tem formas de procedimento e que seu progresso em cada uma dessas formas é sempre mais salutar quando são desenvolvidos exercícios específicos para cada um dos tipos de pensamento. Vale repetir o que em outro livro (Antunes, 2000) já dissemos: "Se em nossa cultura chamássemos a cor azul e a verde por um nome único, teríamos maior dificuldade em perceber de forma espontânea sua distinção. Da mesma forma, se aglutinamos todos os tipos de pensamento em apenas um ou dois, talvez seja mais difícil orientar suas linhas, aplicando sobre os mesmos a avaliação das habilidades operatórias".[4]

Embora existam diversas "classificações" sobre tipos diferentes de pensamentos, acreditamos que para um aluno de 7 a 12 anos basta o exercício com clara diferenciação dos pensamentos: de finalização, realistas, divagantes ou ágeis e de coerência. Para alunos de 12 anos ou mais, que já conquistaram toda a plenitude da abstração, torna-se perfeitamente possível a identificação e os exercícios com os pensamentos destes e ainda dos pensamentos intuitivos, estratégicos, seqüenciais, perseverantes, amplos, elaboradores e de produção.

Essa diferenciação é essencial e, após o treinamento do aluno, pode ser associada a qualquer disciplina do currículo escolar. É impossível imaginar a história ou a geografia, a língua portuguesa e a matemática sem dispor de conteúdos aos quais se possa aplicar e perceber a evolução de um dos pensamentos mencionados.

O *pensamento de finalização* é aquele que usamos quando dirigidos a uma meta específica, com objetivos claros e definidos, mais ou menos como quando refletimos sobre a realização de um trajeto. Perguntas do tipo: "Que providências tomar?", "Como resolver esta situação?", "Como solucionar este problema?" constituem indagações que estruturam essa forma de pensar. O *pensamento realista* é acionado quando deliberadamente afastamos fantasias e buscamos uma ordenação mental concreta. Centrado na ação do hemisfério cerebral esquerdo, abrange pensamentos que "vão direto ao assunto", examinando o texto sem se importar com o contexto e, muitas vezes, despindo a realidade de qualquer moldura emocional. Perguntas realistas são as que conduzem os tradicionais "O quê?", "Quando?", "Onde?", "Como?" e "Por quê?".

Os *pensamentos divagantes* ou *ágeis* são exatamente opostos. Leves, divagam pelos sonhos, não se centralizam em uma idéia, caminham por linguagens diferentes. Sua idéia aproxima-se muito do que de Bono (1969) chama de "pensamento lateral" e ao qual já nos referimos. Possuem forte tendência criativa e, se praticados com alguma freqüência, são excelentes para o surgimento de idéias novas e até mesmo para a exploração da inteligência existencial. É praticamente impossível imaginar perguntas para estruturá-los; seria mais fácil lembrar que costumam trazer respostas para perguntas que jamais se fez. Os *pensamentos de coerência* são os que buscam a lógica e buscam o amparo das ciências para excluir toda fantasia nas idéias que se tem. Como nessa faixa etária, a tendência da criança é transitar entre pensamentos realistas e divagantes, o estímulo à coerência simboliza sempre uma alternativa válida. É bom mostrar a ela que entre o que se almeja e o que efetivamente se pode, existe a inquestionável lógica do que é ou não coerente. Perguntas como "Por que tem que ser assim?", "Por que não posso pensar nisso?" ajudam a estruturar os desafios desse modo de pensar.

Professores que em suas aulas para classes de 6 a 12 anos ensinam os caminhos para essas formas de pensar preparam os alunos para pensamentos mais amplos e para digressões filosóficas, agora já além dos 12 anos e por todo o ensino médio, imprescindíveis para o bem pensar. Nesse caso, podem evoluir das primeiras formas para estímulos e exercícios relativos a pensamentos *intuitivos, estratégicos* e *seqüenciais* (Bono, 1969).

Em aulas de diferentes disciplinas, os professores podem revitalizar pensamentos já desenvolvidos em fases anteriores e acrescentar a eles pensamentos *perseverantes* (aqueles que apresentam a infatigável busca de um fim), pensamentos *amplos* (destinados para concepções mais generalistas e para a procura constante de contextualizações, levando o particular para o geral, o texto para o contexto), pensamentos *elaboradores* (especializados em repensar, buscar as origens, praticar a "engenharia reversa" e procurar as estradas do fim para o começo, do produto elaborado para a descoberta dos passos para essa elaboração) e, finalmente, pensamentos de *produção* (explicados na busca do fim, nas estratégias necessárias para se chegar ao fim do caminho, à construção última da idéia ou do produto no qual se pensa).

O desenvolvimento de um projeto curricular ou extracurricular, o qual ensinasse aos alunos a pensar através da prática, poderia estar apoiado nos seguintes passos: o primeiro passo é a clarificação incontestável de cada pensamento e os elementos que se evidenciam por seus produtos.

O segundo passo é sua prática, sua experimentação, sua aplicação nos conteúdos trabalhados, nos estímulos específicos das inteligências que se busca desenvolver. Assim como deve existir na escola hora para praticar esporte e outra para lanchar, deve também existir *hora para pensar*. Essa hora, é evidente, deve ser comandada por um professor, construindo exercícios específicos, lançando desafios, propondo anagramas, desafiando idéias, dirigindo cada pensamento, impedindo que um deles, como sempre ocorre, "salte" para a trilha que cabe apenas a outro percorrer.

O terceiro passo deve ser o magnífico exercício mental de explorar cada tipo de pensamento ao uso de diferentes habilidades operatórias. Nessa atividade o aluno, sempre guiado por seu pai ou seu professor, busca "comparar" pensamentos, "analisar" suas características, "criticar" seus argumentos, "classificar" os produtos alcançados, usar, portanto, muitos verbos de ação – observar, conhecer, separar, medir, relatar, combinar, interpretar, enumerar, transferir, debater, deduzir, analisar, avaliar, interagir, persuadir, discriminar – nos desafios propostos.

O quarto, último e imprescindível passo é incorporar ao uso diário os pensamentos que se treinou. Se nas provas, nos debates, na explanação apresentada em aula mostrar-se e demonstrar-se os pensamentos usados, se o aluno for levado, com serenidade, mas persistência, à construção desse uso, terá iniciado a adorável descoberta de como é doce saber pensar.

COMO UMA ESCOLA DE ENSINO FUNDAMENTAL E MÉDIO PODERIA ENRIQUECER MANEIRAS DE SE PENSAR

Uma iniciativa importante no sentido de se elevar a qualidade dos pensamentos é observar se os ambientes freqüentados pelos alunos – primeiro sua casa e sua escola e, depois, o lugar onde se reúne com amigos – realmente são *estimuladores de pensamentos*. Não chegamos a dispor ainda de salas para atividades de pensamento e também não dispomos de *centros específicos*[5] para essa finalidade, mas com um pouco de atenção e bastante dedicação podemos transformar progressivamente esses ambientes, gerando condições para tanto e ajudando o aluno a pensar.

Para avaliar essas condições e/ou ambientes, é necessário observar:

- A criança ou o adolescente realmente gosta dos lugares que mais freqüenta? Esses ambientes estimulam e reforçam os diferentes tipos de pensamento? Despertam e avançam na exploração de todas as inteligências?
- A agenda da criança ou do adolescente é organizada com critério? Existe nela espaço para fazer as coisas que necessita fazer e espaço para praticar o que gosta de fazer? O tempo disponível é administrado com seriedade e com prazer? Existem adultos que ajudam, com interesse, a organizar o tempo da criança ou do adolescente? Na escola existe quem desempenhe esse papel?
- Existem livros que estimulam formas diferentes de pensar? A escola e os professores organizaram diferentes coleções de textos que exploram formas diferenciadas de

pensamentos? Nessa coleção existem textos realistas e textos de finalização? Textos que inspiram divagações e outros que suscitam outras formas de pensar?
- Existe alguma preocupação em equilibrar horas para atividades realizadas com outros e horas para atividades mais calmas dedicadas à leitura, à música, aos projetos, aos computadores e à televisão?
- Existe nos ambientes orientação para que a criança ou o adolescente possa discutir e construir seu projeto de vida? Esse projeto abriga planos mensais, semanais e, algumas vezes, até mesmo diários?
- Os ambientes estão preocupados com a *orientação emocional* da criança e do adolescente? Eles encontram pessoas sinceras, a quem podem expor seus anseios, suas conquistas, seus sonhos e seus temores?
- Os ambientes oferecem ajuda para que a criança ou o adolescente possa contar com orientação para suas leituras? Existem livros e CD-ROMS diferentes sobre diferentes assuntos? Existem computadores disponíveis para suas atividades? Existem telescópios, jogos de montar, jogos de tabuleiros, gravadores e microfones, coleções de selos, rochas, conchas, folhas, minerais e jogos de cartas diversos? A biblioteca da escola reúne apenas livros ou oferece mapas, jogos de cartas mais complexos, marionetes, fitas de vídeo, gravações diversas, quebra-cabeças, jogos de diferentes partes do mundo, instrumentos musicais simples, tintas, lápis, argila, materiais para artesanato, fios de eletricidade, canetas, botões, cartolinas? Esses materiais estão organizados em progressão, divididos segundo faixas etárias?
- Os ambientes freqüentados pela criança ou pelo adolescente promovem, com alguma freqüência, visitas, saídas, passeios, excursões, viagens para parques locais, fábricas, aquários, parques de diversões, serpentários, planetários? Levam-nos para assistir a shows dramáticos, concertos, apresentações musicais ou esportivas? Organizam passeios para estudos específicos de montanhas, dos mangues, do litoral? Promovem gincanas envolvendo pescarias, estudos de pássaros, brincadeiras simples, pesquisa folclórica, atividades associadas a basquete, vôlei, arco e flecha, futebol, escalada? Promovem torneios de gamão, tangran, xadrez?
- Existem no ambiente atividades que propõem ou ensinam a transferência da solução de um problema para a solução de outros problemas? Outras que cobram, com firmeza, mas também com possível bom humor, a colaboração de todos em

tudo? Os adultos atuam como árbitros serenos no cumprimento das regras de conduta consensualizadas com o grupo? Existe preocupação com a atribuição de papéis diferentes a todo o grupo?

A observação desses itens pode, à primeira vista, parecer distante das atividades específicas do "pensar". Somos herdeiros de uma tradição educacional ingênua na qual "pensamentos são coisas para filósofos sisudos" e que, quando se aprende a pensar, não é possível simultaneamente se alegrar, divertir-se. Devemos assumir com coragem que essas idéias são estereótipos ultrapassados. Aprender a pensar é, em síntese, aprender a viver.

COMO CAPACITAR OS ALUNOS (OU OS FILHOS) A ESTUDAR?

Na maior parte das vezes, o aluno chega à escola como se a capacidade de estudar fosse inerente à sua condição de estudante, tal como o fato de possuir uma boca e dois olhos. Outras vezes, o professor de ciências, por exemplo, não lhe ensina a estudar por acreditar ter sido essa a missão do professor de geografia e este não "gasta seu tempo" por acreditar que nas séries anteriores essa capacidade já tivesse sido desenvolvida.

O aluno, por sua vez, ao perceber que ninguém se preocupa em ensinar-lhe a estudar, acaba vendo como seus colegas fazem e, da soma de incertezas, constrói "métodos", nem sempre imperfeitos, mas com freqüência sugerindo caminhos longos, quando atalhos notáveis existem. É por esse motivo que todo professor deve, antes mesmo de pensar nos conteúdos que vai ensinar, preocupar-se em capacitar seu aluno a aprender.

COMO ENSINAR UM ALUNO A APRENDER?

O primeiro passo parece ser decisivo. O "novo" professor – e existem admiráveis "novos" professores com 60 anos ou mais e outros "velhíssimos" com pouco mais de 20 anos – tem idéias de como o cérebro processa a aprendizagem e faz desse saber uma eficiente capacitação de seus alunos. Mostra-lhes, antes dos conteúdos específicos da sua disciplina, como a mente constrói significados, qual a estrutura que apóia a aprendizagem significativa, diferenciando-a de processos de habituação ou aprendizagem mecânica, mostrando-lhes o uso coerente e eficiente de todas as habilidades operatórias compatíveis com a idade, explicando-lhes como contextualiza elementos do cotidiano nos fatos que relata, abrindo-lhes diferentes linguagens, mostrando-lhes a reversibilidade de se saber através de diferentes ângulos, capacitando-os a pensar. Enfim, antes de atirar o aluno à água, ensina-lhe a nadar.

Realizada essa tarefa, pode ajudar o aluno a se capacitar, destacando que existem linhas estratégicas diferentes para se aprender língua portuguesa e ciências humanas das necessariamente utilizáveis para se aprender ciências exatas. Mostrando essa *diferenciação* (Antunes, 1997) e adaptando-a ao caso particular do conteúdo que ministra e à série com a qual trabalha, pode propor outros passos expressivos para uma efetiva construção da aprendizagem. Por exemplo:

- O aluno certificar-se de que na hora dedicada ao seu estudo encontra-se materialmente equipado – papel, caneta, livro, anotações de aula, dicionário, etc. – e ocupa um ambiente, quando possível, salvo de barulhos ensurdecedores ou interrupções motivadoras. Estudar com a TV ligada, ou tomar parte no que conversam os que estão ao seu redor é caminho certo para incompreensão ou aprendizagem comprometida.
- Fazer uma leitura suplementar sobre o assunto ou uma avaliação genérica sobre o tema, visando a dominar as idéias principais do texto ou as linhas estruturais do problema que se busca resolver.
- Com essas idéias principais sabidas e, eventualmente, relacionadas em uma folha de papel, buscar saberes anteriores, "garimpar" no que antes se aprendeu os elementos que agora se busca apreender. É sempre interessante uma segunda leitura, já não mais para resgatar as idéias principais, mas para associá-las a conhecimentos anteriores.
- É conveniente uma terceira leitura ou um terceiro reexame do problema, agora segmentando-o em partes, com uma parada em cada pensamento e uma busca serena de compreensão do mesmo. Caso o aluno tenha aprendido a contextualizar o que descobre com tudo o que já sabe, isso deve ser feito nessa etapa, parágrafo por parágrafo.
- É sempre interessante, após essa etapa, imaginar-se um expositor e, se possível, mesmo sem qualquer público, dar uma aula sobre o que aprendeu. Quando falamos para uma platéia, ainda que imaginária, estamos incorporando uma "segunda linguagem" ao nosso pensar, reforçando, assim, nossa memória de longa duração.

- A etapa seguinte é a de se esforçar em transmitir o que se leu ou o problema que se tentou resolver em ainda outras linguagens diferentes. Um texto transformado em um desenho, em um quadro-síntese, em um gráfico, escrito com cores diferentes, representa caminho seguro para novos recados à memória de longa duração.
- Outro reforço expressivo é construir sobre o que se aprendeu um "hipertexto". Isso mesmo, sugerir ao aluno a tentativa de passar o aprendido para a página de uma internet imaginária, com palavras que expressam idéias principais do texto, "abrindo-se" para outras relações, outros esclarecimentos ou significados mais marcantes.
- Nessa mesma linha de atividade alternativa, um recurso importante é tentar estabelecer *associações* entre o que se aprendeu e uma cena aparentemente distante desse conteúdo. Um texto de literatura ou história, uma equação de física ou um teorema matemático, associado a uma cesta de três pontos, uma feijoada ou uma briga no pátio da escola, estimula a compreensão.
- Concluído o estudo, é preciso capacitar o aluno a associar o que se aprendeu ao eixo-temático a que essa particularidade pertence. Um tema, seja ele qual for, jamais se isola sobre si mesmo, pois sempre integra um processo mais amplo. O descobrimento do Brasil, por exemplo, é fato particular de um processo maior que se chama "Grandes Navegações" o qual, por sua vez, integra um capítulo, e sempre um capítulo, da história da humanidade. O aluno deve perceber a disciplina talvez como uma peça extraordinária e o que estuda como um ato que se liga ao anterior e justifica o que virá a seguir.
- Como atividade conclusiva é importante a *repetição* do que se aprendeu, quando possível, para um colega ou um adulto que ouça de maneira crítica, fazendo perguntas, levantando dúvidas, desenvolvendo críticas, propondo sínteses, conclusões, analogias, classificações e outras habilidades.

É evidente que essas idéias gerais não possuem valor transferível para cada situação. Cada pessoa tem uma maneira específica de ser e, é claro, uma forma pessoal de aprender. O que parece ser atitude comodista e injustificável é agarrar-se a essa peculiaridade de cada um e fazer da mesma um pretexto para não se querer ajudar a ninguém.

COMO ENSINAR O ALUNO A PESQUISAR?

Pesquisa é uma busca, uma indagação, uma procura científica, ou seja, uma investigação. Embora este seja um conceito óbvio, acreditamos que não poucas vezes nossos alunos são levados a "fazer pesquisas" sem na verdade saber como se pesquisa e, algumas vezes, surpreendem-se quando seus professores reclamam que fizeram apenas uma "transcrição" ou cópia de um texto e que, portanto, não pesquisaram. Como essa circunstância, pelo menos teoricamente, pode existir, a maneira mais fácil de superá-la é explicar realmente o que se pretende, onde e por que no contexto do que se ensina é solicitada essa investigação.

O aluno necessita partir para sua pesquisa, individual ou em grupo, sentindo gratificação intelectual em realizá-la. A pesquisa que se faz para ganhar um ponto, para aumentar uma nota, é uma pesquisa sem paixão, uma tarefa sem sentido. É por isso que todo professor deve seduzir os alunos para a importância da pesquisa, para um sentido à investigação. E, para essa sedução, não existe nada melhor que perguntas intrigantes, desafios ousados, curiosidades explícitas, "pistas" insinuantes. Ainda uma vez os tradicionais "o quê?", "quem?", "onde?", "como?", "quando?", "por quê?" são uma sugestão valiosa.

Existindo essa vontade de pesquisar, essa curiosidade aguçada em descobrir, essa volúpia em investigar, é necessário capacitar o aluno para realizá-la. Mesmo reiterando que regras gerais possuem valor relativo para casos específicos, sugerimos algumas com a certeza de que o professor poderá adaptá-las à realidade material e humana com a qual trabalha:

- Toda pesquisa precisa ser organizada com um *plano de ação*, um verdadeiro roteiro de caminhos que necessitam ser percorridos, com a clara atribuição de papéis se a pesquisa for feita em grupo.
- É importante que o tema a ser pesquisado tenha uma apresentação de suas muitas seções, incluindo ou não capítulos, subtítulos, manchetes, entre outros itens. Voltamos a não descartar a idéia de apresentar a pesquisa, eventualmente, sob a forma de um hipertexto.
- Cercar-se de todas as fontes de informação disponíveis, abrigando meios eletrônicos, sem se deixar seduzir pelo fascínio exclusivo da internet, mas também textos, gráficos, ilustrações, metáforas, poemas e outras mais.
- Definir-se com clareza a forma de apresentação da pesquisa. Se for verbal, qual o tempo disponível? Qual o papel de cada integrante do grupo? Essa apresentação

será como uma aula expositiva? Ou será de estilo coletivo, mais ou menos como um jogral? Não poderá ser como um "jornal falado", abrigando reportagens e entrevistas? Apresentará outros meios de comunicação, como transparências, gravações, filmes multimídia, folhas escritas? Será repassada aos presentes uma síntese? A exposição será exposta à crítica? O tema deverá ser teatralizado?

É desnecessário acrescentar que para toda pesquisa, assim como para todo tipo de trabalho solicitado à classe, é imprescindível uma *avaliação criteriosa*, que fale de sua correção, de suas possíveis falhas, e que exalte sempre o esforço dispendido, a busca por resultados, a investigação, enfim, concretizada.

COMO ENSINAR O ALUNO A SE AUTO-AVALIAR

Imagine-se na contingência inevitável de precisar perder peso e não dispor da praticidade de uma balança. É evidente que, nesse caso, a balança não é tudo. Podemos perceber pela roupa sobrando ou pelo espelho acusador o sucesso ou o insucesso da empreitada, mas é indiscutível a ajuda cômoda da balança à mão. Em geral, carregamos uma espécie de balança psíquica que mede nossos atos e permite-nos uma auto-avaliação constante. "Acho que falei demais!", "Acredito que ajudei bastante!", "Suponho que ele não gostou do que eu disse!" são situações que habitualmente nos acompanham e são de tal forma freqüentes no nosso pensar, que raramente nos damos conta de que nossos alunos, algumas vezes, precisam de nossa ajuda na construção dessa "balança".

Em primeiro lugar, é importante que eles percebam como é essencial a auto-análise para a construção de um quadro de referências autêntico e para a elaboração de metas de vida e, em segundo lugar, é necessário que descubram pistas sobre como se auto-analisam, em quais condições e momentos devem fazê-lo e, principalmente, qual projeto de progresso e de mudança os resultados da auto-avaliação devem sugerir.

A tarefa do professor não é fácil e, por vezes, o desalento nos resultados o faz pensar em desistir. A criança e o adolescente vivem mundos diferentes do adulto, e a "idealização" com freqüência supera as limitações do real. Qual criança não sonha em ser o que não é? Qual adolescente não almeja amores que jamais poderá usufruir? Qual criança não idealiza o mundo que não vê? Qual adolescente não se empenha em missões que somente concretiza em sonhos? A dificuldade, entretanto, antes justifica o empenho em se desenvolver processos que capacitem o aluno a se auto-avaliar que em alternativas de não fazê-lo. Sugerimos para essa tarefa alguns passos.

O primeiro passo é a construção da conscientização do aluno sobre a importância de uma periódica auto-avaliação. Se escrever um diário já representa uma incontestável ajuda à criança ou ao adolescente que, ali ao seu lado, dispõe de um espelho descrito de seu "eu", o que dizer de um "boletim" criterioso que anota seus êxitos e suas tentativas frustradas? O segundo passo é garantir a confiabilidade de que essa auto-avaliação constitui um segredo inviolável do aluno que, se quiser, disporá da ajuda do adulto para discuti-lo, mas que vale bem mais para quem o faz e o analisa que para outro qualquer a quem se obriga exibir.

Alcançada essas metas, é essencial que se proponha ao aluno alguns critérios norteadores de seus procedimentos avaliativos. É evidente que a linguagem e a natureza desses critérios circunscrevem-se à idade do aluno e ao seu meio sociocultural e que modelos gerais pouco valem para situações específicas. Por isso, propomos apenas como sugestões alguns itens de uma ficha que poderia facilitar esse processo e na qual o aluno acrescentaria valores numéricos de um a cinco ou outros, se pretender (nada ou quase nada / pouco / mais ou menos / bastante / tudo ou quase tudo). Os critérios propostos a seguir podem ser alvos de avaliações periódicas (semanais, mensais, semestrais, etc.) e, embora as proposições apareçam no masculino, são extensivas aos dois sexos.

O instrumento proposto, evidentemente, não é o único válido para um trabalho de auto-avaliação. Outras atividades em grupo (Antunes, 2001) constituem interessantes caminhos que podem ajudar o aluno nessa atividade.

Analisada por seus quase 60 itens, a idéia da ficha apresentada parece excessiva e realmente o é. A idéia de assim descrevê-la visa a facilitar ao professor a tarefa de excluir alguns, acrescentar outros ou torná-la progressiva e mutável, alterando itens na medida em que o aluno possa ir registrando o alcance das metas estabelecidas. Porém, a melhor idéia para seu uso é discutir os itens consensualmente com os alunos, facultando a escolha dos que acreditam mais autênticos para sua tarefa de auto-avaliação.

COMO ENSINAR O ALUNO A ESCREVER UM TEXTO?

Já nos detivemos na análise do papel do professor, independentemente da série que ensina ou da disciplina que desenvolve, na importância em ensinar um aluno a verdadeiramente

FICHA DE AUTO-AVALIAÇÃO PARA ALUNOS

QUANTO AO AUTOCONHECIMENTO E À AUTO-ESTIMA
Sou sensível à opinião dos outros a meu respeito.
Fico aborrecido com uma crítica, mesmo admitindo-a como justa.
Esqueço com facilidade pessoas ou fatos que me magoam.
Gosto bastante de mim mesmo e acho que na maior parte das vezes ajo corretamente.
Acredito que a maior parte das pessoas goste de mim.
Gosto de absorver características positivas no que leio ou no que vejo.
Gosto de música e minhas opções não seguem modismos musicais.
Pratico esportes e cuido do meu corpo tal como deve ser cuidado.

QUANTO ÀS TENDÊNCIAS DE MEU JEITO DE SER
Sou ambicioso. Desejo muito mais do que realmente posso ter.
Sou vaidoso. Valorizo mais a "embalagem" que o conteúdo.
Sou independente. Penso o que penso sem ser levado pelos(as) outros(as).
Tenho empatia. Preocupam-me os outros e o que sentem.
Reclamo muito. Sei que não posso guardar certos sentimentos que me aborrecem.
Sou autoritário. Imponho aos mais novos ou aos mais fracos os meus valores.
Sei que falo e escrevo bem e que posso melhorar cada vez mais.
Gosto de animais, flores e plantas. Cuido com ânimo dos animais.

QUANTO ÀS COISAS QUE TENHO
Sou cuidadoso com meu material. Zelo por ele.
Sou organizado e gosto de guardar em ordem minhas roupas e meus objetos.
Sou econômico no uso do material. Procuro evitar todo tipo de desperdício.
Tinha inveja do material alheio.
Não me preocupo em devolver alguma coisa que acho.

QUANTO AO MEU DESEMPENHO ESCOLAR
Os meus resultados escolares expressam minha real capacidade.
Estudo tanto quanto gostaria de estudar.
Tenho prazer em aprender, assistir à aula e pesquisar.
Gosto da classe em que estou e estou satisfeito com os amigos que tenho.
Sinto-me valorizado por meus professores.
Sinto-me valorizado por meus colegas de classe.

QUANTO ÀS MINHAS RELAÇÕES COM OUTRAS PESSOAS
Meu relacionamento com minha mãe é tão bom quanto eu gostaria.
Meu relacionamento com meu pai é tão bom quanto eu gostaria.
Meu relacionamento com meu(s) irmão(os) é tão bom quanto eu gostaria.
Meu relacionamento com outros parente é tão bom quanto eu gostaria.
Meu relacionamento com meus amigos e amigas é tão bom quanto eu gostaria.

COMO EU SOU QUANDO DIANTE DE OUTRAS PESSOAS
Polido, educado, prestativo.
Obedeço às normas e às ordens sem constrangimento.
Sou ciumento com minhas coisas e com as pessoas de que gosto.
Sou egoísta. Penso principalmente em mim mesmo e na minha satisfação.
Sou verbalmente agressivo e irrito-me com facilidade.
Sou muito mais tímido do que gostaria de ser.
Com freqüência me acovardo e deixo de dizer ou fazer o que penso.
Estou sempre buscando mecanismos de compensações para meus "foras".

COMO SÃO MINHAS TENDÊNCIAS
Sou um esteta. Admiro o belo em coisas, gestos e atitudes.
Sou muito ético. Admiro os valores morais.
Sou escrupuloso. Admiro boas condutas.
Tenho sentimento do dever.
Sei ser firme e dizer "não" quando não quero.
Arrependo-me de meus erros e admito publicamente meus arrependimentos.
Sou entusiasta e na maior parte das vezes bastante animado.
Acredito que sou mais criativo do que meus amigos. Tenho ótimas idéias.
Tenho muita pena do sofrimento alheio dos animais e das outras pessoas.

ler. A aprendizagem de uma leitura efetiva e compreensiva constitui instrumento essencial para a capacitação da escrita. Quem não lê, não escreve bem e quem lê raramente, apenas com raridade se expressa por escrito.

No entanto, nem sempre a leitura por si só é tudo de que um aluno precisa para escrever bem. À atenção cuidadosa e à compreensão integral do que se lê é sempre necessário acrescentar alguns cuidados. Por exemplo:

- É irrelevante se o texto que se prepara é de história ou geografia, biologia ou física, ou qualquer outra disciplina. É essencial jamais iniciar o trabalho com ele sem ter à mão um dicionário, não apenas para consultá-lo em caso de dúvida, mas também para buscar sentidos claros das palavras empregadas. Uma sondagem simples e informal que realizamos em 1999, com 200 alunos da 8ª série de uma escola da Grande São Paulo, mostrou que 7 em cada 10 alunos empregam expressões e palavras supondo sentido bem diferente da idéia que elas expressam.
- Antes de iniciar a redação do texto é importante que o aluno reflita sobre as idéias que desenvolverá, alinhave em sua mente o texto antes de redigi-lo no papel. A palavra "alinhavar" possui um sentido literal: texto é uma palavra latina que vem de "tecido" e escreve-se um texto como quem entrelaça muitos fios, formando um pedaço de pano. Portanto, é indispensável a *conversa interior*, seguida de uma possível conversa com o outro, para selecionar as idéias principais, construir mentalmente os parágrafos e chegar à fase da redação.
- *Análise* e *síntese* são termos essenciais na estruturação de um texto. Ao pensar no que se quer escrever, é essencial que se analise a idéia central, as idéias periféricas que a ela se ligam e, após essa organização, chega-se à síntese, isto é, aos atalhos expressivos para uma redação essencial, ainda que enxuta. Uma leitura após a redação ajuda a "podar" palavras em excesso, idéias repetidas e dar acabamento ao que se pretendeu dizer.
- Um texto, seja qual for sua natureza, não constitui uma idéia isolada, despida de sua circunstância. Toda idéia nasce de outras e outras faz nascer. Por esse motivo, é importante que o aluno aprenda a relacionar o texto que escreve com outros já apreendidos sobre o mesmo assunto, com imagens e metáforas que possam associá-lo ao seu ambiente cultural.

- Desenvolvidas essas etapas, chega o momento da revisão final do texto e, novamente, a presença do dicionário impõe-se. A precipitação é inimiga de um texto bem-feito e a essência da qualidade inspira-se em uma revisão palavra por palavra, idéia por idéia. Os parágrafos estão integrados? As idéias fluem em seqüência? Colocando-me como leitor, entendo bem o que apresentei como autor? Respostas sinceras finalizam o trabalho bem-feito.

É claro que essas pequenas regras diferem quanto à sua apresentação e cobrança com relação à idade do aluno e ao universo de seu vocabulário. Adaptá-las a essa realidade, suprimindo algumas ou mesmo acrescentando outras é uma tarefa essencial.

COMO ENSINAR O ALUNO A ASSISTIR A UMA AULA?

Imagine uma pessoa pouco habituada à arte da dança e à magia da música, sendo levada pela primeira vez a uma opereta. Mais ainda: reflita sobre o encantamento de um adulto que pela primeira vez avista o mar, depois de tê-lo criado em sua imaginação. Não é difícil imaginar que essas pessoas seriam imensamente ajudadas pela paciência e pela ternura de alguém que lhes ensinasse a compreender a opereta e a olhar o mar. Não seria desafio interessante "ensinar" nossos alunos a "assistirem" a uma aula? Não seria esse "ensino" estratégia mais valiosa que lhes impor advertências pela distração ou lhes atirar o autoritarismo de exigir postura para a qual não foram treinados? Não representa uma violação impor-lhes o silêncio para coisas que não querem ouvir, quando têm ao seu lado amigos com tantas coisas que querem falar? Um aluno em sala de aula, muitas vezes, é camponês atônito diante de opereta, agricultor embasbacado diante da imensidão do mar.

Para que existam respostas alternativas à aula imposta, algumas regras são essenciais e a maior parte delas vem do professor. A ele – e a mais ninguém – cabe a ousadia de tornar a aula interessante, curiosa, gostosa de se devorar. Quem abre o "apetite" do aluno é sempre o professor e, se não existir fome, de pouco vale dourar o cardápio. Isso ocorre quando o professor emoldura esses momentos de alegria, envolve-os com seu entusiasmo, mesmo se cansado, e constrói com o conteúdo que ministra desafios de perguntas curiosas, enigmas que o saber resolve, charadas que precisam ser investigadas. Mas se o interesse do aluno resiste a isso tudo, é possível que ele tenha um *transtorno de déficit de atenção*

(Antunes, 2001) e é, por força dessa síndrome, uma exceção aos demais ou é possível que o professor, atordoado por tantas coisas a fazer, não tenha tido tempo de "explicar-lhe" como deve assistir a uma aula.

Para essa tarefa, sugerimos algumas "regrinhas" necessariamente adaptadas ao tipo de aluno, classe, série e disciplina:

- Mostrar ao aluno que sua compreensão estrutura-se relacionando o tema novo que chega aos conhecimentos guardados na mente. Enfatizar que uma aprendizagem significativa pode ser facilitada pelo professor, mas é construída essencialmente pelo aluno. O professor não aprende pelo aluno e este, para aprender, precisa saber como sua mente atua no resgate do antigo para ancorá-lo ao novo.
- Os olhos são ferramentas importantes na aprendizagem, porém a fala é ainda mais importante. O aluno, ao ouvir o professor ou ao olhar a lousa, precisa desenvolver uma fala interior, uma construção significativa de perguntas que busca responder.
- O aluno precisa descobrir através da experiência que sua mente está mais para um computador do que para um balde. As idéias que chegam não podem acumular-se como água que enche o balde, e sim como informações que lembram outras, que se associam a terceiras, em uma verdadeira rede que faz da resposta uma nova pergunta. Não se entra em sala de aula para transformar pontos de interrogação em pontos de exclamação, mas para tornar pontos de interrogação novos pontos de interrogação.
- Mostrar ao aluno como "sintetizar" o tema que ouviu, como "compará-lo" a outros temas que já sabe, como "contextualizá-lo" à realidade de seu corpo e de seu meio, como transformar uma caminhada do início ao fim em uma revisão que traga seu conhecimento do fim ao começo. O descobrimento do Brasil pode começar com as caravelas em pleno oceano, mas pode também, através de uma engenharia reversa, terminar com essas mesmas caravelas.

Não nos envolve a expectativa de apresentar receitas para o desenvolvimento e a importância das capacidades em sala de aula; movimenta-nos a esperança singela de apenas dinamitar a pedra. A estrada, esta sim, terá que ser construída no dia-a-dia, em cada espaço. Somente a prática pedagógica de cada professor pode inventar caminhos.

PARA REFLETIR

O PROFISSIONAL DO FUTURO

Imagine um automóvel deslocando-se por uma estrada de terra em noite escura. Seus faróis apontam para o trecho ainda não transitado; iluminam o desconhecido. Não importam muito os buracos que as rodas atravessam. Estes, vistos instantes atrás, simbolizam o passado. O que agora importa não é mais a escuridão já examinada instantes atrás, mas o ponto brilhante alcançado pelos limites dos faróis.

Essa metáfora parece-nos ajustar-se à educação. O que agora estamos fazendo foi ontem programado; o que se pretende não é apenas a ponte em que o aluno se encontra, mas o ponto, que esperamos brilhante, para onde será levado. É claro que nos preocupamos com o agora, sem dúvida é fundamental a alegria e o crescimento, importa, e muito, construir-se pelos caminhos da transformação, mas o essencial é o amanhã, o fecho do processo, o ponto que, agora iluminado, representará o futuro que buscamos construir.

Como adivinhá-lo?

Não parece necessário qualquer exercício de futurologia. Menos ainda buscar adivinhações esotéricas. O futuro do profissional que agora estamos construindo tem claramente delineado as habilidades que necessitará, as competências essenciais, as inteligências que colocará em ação, as práticas possíveis, as circunstâncias inevitáveis.

E quais seriam elas?

Em primeiro lugar, até como alicerce para passos mais ousados, é necessário *espírito de iniciativa*. Iniciativa que, confundindo-se com a criatividade, fará desse profissional um decifrador de códigos e um especialista em resolver problemas. Ao lado dessa qualidade, outra não menos primordial, é *a sensibilidade no uso de habilidades operatórias*, tais como a análise, a crítica, a interpretação, a síntese, a intuição, a descrição e a dedução. Não poderia também ficar atrás a capacidade de trabalhar em equipe, sabendo com argúcia e tirocínio juntar os bons e, principalmente, juntar-se aos bons. É indispensável que seja – no sentido lato do termo – um *verdadeiro administrador*. Administrador de seu tempo, de suas metas, de suas emoções, bem como do meio ambiente e da preservação, de seus sonhos e de suas iniciativas; é essencial que possa ver bem mais que simplesmente olhar e assim possuir perspicácia para o todo, reverência para o conjunto. É importante que explore em seus mais extremos limites sua competência interpessoal, aprendendo a cuidar dos outros, a torcer pelos amigos, a apaixonar-se pela solidariedade. Se além disso tudo aprender a comunicar-se com clareza, usando suas múltiplas linguagens, certamente será uma pessoa democrática, uma criatura profissionalmente – e em qualquer contexto – imprescindível.

Sua escola está trabalhando para dar contornos de realidade ao ponto iluminado pelos faróis? Em quais momentos da matemática e da geografia, da língua portuguesa ou das ciências existe essa exploração? O currículo proposto trabalha esses itens em seus objetivos e no pragmatismo do dia-a-dia? A filosofia da escola está ajustada a buscar a verdade pela ciência, a beleza pela arte e a bondade pela justiça e pela ética? O planejamento pedagógico mostra no ponto iluminado do futuro as estratégias e os cronogramas de sua construção?

Se a resposta é sim, parabéns! Contemple o milênio com a confiança dos que lavram a terra. Se a resposta ainda é não, é imprescindível acordar. Como lembra o poeta norte-americano Auden: "se queremos viver, é melhor tentar imediatamente; se não queremos, é melhor começar a morrer".

NOTAS

1. O autor refere-se à obra de sua autoria *A teoria das inteligências libertadoras*. (Petrópolis: Vozes, 2000), traduzida para o espanhol pela Editora Gedisa, de Barcelona.

2. "Os amigos imaginários são comuns entre os três e os quatro anos e refletem ao mesmo tempo as necessidades emocionais, o esforço saudável para preenchê-las e o produto da imaginação que floresce. Jerome Singer, psicólogo infantil da Universidade de Yale, escreve que as crianças pré-escolares que possuem amigos imaginários são mais independentes, cooperam com os professores e colegas, são geralmente mais alegres e menos agressivas com os amigos e possuem um vocabulário mais rico. Os amigos imaginários são como uma janela para as preocupações da criança e, algumas vezes, proporcionam-lhes um meio de falar indiretamente sobre coisas desconfortáveis. Aconselha-se aos pais a aceitar o amigo como um escape natural, mas sem tentar substituí-lo ou controlá-lo" (Diamond e Hopson, 2000, p. 172).

3. Existe atualmente um relativo consenso entre os educadores e psicólogos infantis de que não faz sentido esperar até o ensino médio para se introduzir uma nova língua. Ao contrário, a inteligência lingüística de uma criança de cinco a seis anos já se encontra em curva crescente para a aquisição de uma linguagem suplementar. Novos estudos, que empregam o uso de exames cerebrais através do PET scanner, demonstram que é necessário um esforço mental maior para falar uma segunda ou terceira língua, mas que esse esforço, se dosado e realizado com prazer pelo estudante, atua como estímulo extremamente significativo.

4. Habilidades operatórias são aptidões ou capacidades cognitivas e apreciativas específicas que possibilitam a compreensão e a intervenção do indivíduo nos fenômenos sociais e culturais, ajudando-o também a construir conexões. Abaixo, fazemos uma síntese de algumas habilidades operatórias mais comuns no ensino:

OBSERVAR, LOCALIZAR NO ESPAÇO, ENUMERAR, ESPECIFICAR, COMPREENDER, EXPRESSAR, COMPARAR, MEDIR, APLICAR, REPRODUZIR, RACIOCINAR LOGICAMENTE, CONHECER, RELATAR, DEMONSTRAR, AJUIZAR, CRITICAR COM ARGUMENTOS, COMBINAR, DEBATER, DISCRIMINAR, COMPREENDER ESPECIFICAMENTE, SEPARAR-REUNIR, TRANSFERIR, DEDUZIR, REVISAR, CRIAR, AVALIAR, CONCLUIR, ANALISAR, PESQUISAR, FLEXIONAR E ADAPTAR, CONSULTAR – CONFERIR, INTERPRETAR, DECIDIR, PROVAR, SELECIONAR, LEVANTAR HIPÓTESES, SERIAR, PLANEJAR, INTERAGIR, NEGOCIAR, SOLUCIONAR PROBLEMAS, PERSUADIR, REFLETIR, LIDERAR, LOCALIZAR NO TEMPO, CONCEITUAR e SINTETIZAR.

5. Centros especializados para o fluxo do pensamento – "O sistema límbico profundo fica perto do centro do cérebro. Considere o seu tamanho como o equivalente a uma noz. Ele é totalmente

energizado por funções, todas importantíssimas para o comportamento humano e para a sobrevivência. Sob o ponto de vista evolutivo, essa é a parte "mais velha" do cérebro do mamífero, que possibilitou que animais experimentassem e expressassem as emoções. Isso os libertou de condutas estereotipadas e ações ditadas pelo tronco cerebral, como é encontrado em cérebro de "répteis" mais velhos. A evolução subseqüente do córtex cerebral em animais superiores, especialmente nos seres humanos, deu-nos a capacidade para solucionar problemas, para planejamento, organização e pensamento racional. Ainda assim, para que essas funções tenham efeito no mundo, deve-se ter paixão, emoção e desejo de fazer alguma coisa acontecer. O sistema límbico profundo acrescenta o tempero emocional, se preferirem, tanto de modo positivo quanto negativo". TRANSFORME SEU CÉREBRO, TRANSFORME SUA VIDA. AMEN, Daniel G. Editora Mercuryo. São Paulo. 2000.

9
COMO "ENSINAR" COMPETÊNCIAS?

A resposta à pergunta que serve de título a este capítulo abriga uma série de outras perguntas e não se pode transitar por ela sem antes responder as outras. Essas perguntas seriam:

> O que significa competência? Capacidade e competência não seriam "praticamente" a mesma coisa? Os professores que não tiveram competências desenvolvidas em sua formação podem promovê-las? Quando nos propomos a desenvolver competências, a quem estas se destinam: aos professores, para melhor ensinar, ou aos alunos, para mais facilmente aprender?

Tentemos buscar respostas e tornar mais claras algumas distinções. A primeira é a de distinguir o conceito de competência visto em um sentido amplo, ou seja, geral, abrangendo tal conceito na atividade agrícola, industrial, bancária, comercial, etc., do conceito de *competência em educação*.

No primeiro caso, *competência*, segundo o dicionário do Aurélio Buarque de Hollanda, é a "qualidade de quem é capaz de apreciar e resolver certos assuntos". Em educação, seria a "faculdade de mobilizar um conjunto de recursos cognitivos, tais como saberes, informações, habilidades, inteligências, para solucionar com pertinência e eficácia uma série de situações".[1]

É impossível afirmar que essas definições sejam muito diferentes; é melhor afirmar que uma é mais específica que a outra. Quando um aluno mobiliza seus saberes, geralmente conquistados na escola para resolver certos assuntos, procura resolvê-los com eficácia e, assim, atua com competência. Nesse caso, competência em educação seria agir na rua, em casa, no estádio, no clube, no trabalho, no *shopping* e em todo lugar de maneira diferente, mais eficiente da que se agiria se na escola não se tivesse aprendido a ler, escrever, contar, raciocinar, explicar, desenhar, comparar; caso não se tivesse aprendido geografia, matemática, história, ciências, inglês, língua portuguesa, geometria e tudo o mais que se aprende na escola.

No segundo caso, a diferença maior entre "capacidade" e "competência" está na ação do verbo que as diferencia. Capacidade a pessoa acumula, amplia, aumenta, faz crescer. Competência a pessoa mobiliza, coloca em movimento, tira da inércia. Ora, "acumular" não é a mesma coisa que "mobilizar", ainda que as diferenças sejam sutis.

Para torná-las mais claras, imagine uma pessoa dormindo. Se você a acorda e pede que se levante, modifica seu estado motor e aciona uma de suas "competências" – no caso cinestésica –, mas se acordou-a para contar o desenlace e as novidades de sua noite anterior, acumulou-a de informações, aumentou sua capacidade de saberes relativa ao assunto falado. Se com essas novas informações a pessoa acordada toma a decisão de definitivamente deixá-lo e assim resolver um problema, percebe-se que, ao aumentar sua capacidade, ocasionou-lhe uma competência. Um outro exemplo pode reforçar o primeiro: viver em uma imensa cidade exige o domínio de várias competências dispensáveis para quem vive no campo, porém a vida nesse meio rural suscita outras que a grande cidade dispensa. Por meio desses exemplos, é possível deduzir que essas duas funções aproximam-se e relacionam-se, embora diferindo em sua essência.

Provavelmente, a mais lúcida diferença entre capacidade e competência é que as "capacidades" são inerentes aos alunos, constituem procedimentos que a escola brasileira necessitaria fazê-los acumular e que raramente o faz, enquanto as "competências" estariam ligadas ao preparo do aluno para usar seus conhecimentos no dia-a-dia, na vida prática. Os saberes da matemática, da geografia, da história e de outras disciplinas precisam ser usados no futebol que se joga, no supermercado a que se vai, nas conversas que se tem e na rua que se atravessa.

A terceira questão é a mais fácil de responder, embora não seja assim tão fácil transformar a resposta em ação. É claro que o professor que não teve suas competências treinadas pode aprender a desenvolvê-las com estudo, paciência e dedicação. Não fosse assim, seria legítimo acreditar que a experiência prática nada acrescenta à formação acadêmica. Para muitos professores, os elementos que realmente "aprendeu" nos bancos escolares constituem pouca coisa em relação ao que aprenderam com seus alunos, na sala dos professores, nas reuniões pedagógicas, nos livros que "devorou", na vida que viveram. Portanto, todo professor pode mobilizar as competências de seus alunos, desde que estude e aprenda, contextualizando a experiência que possui com os saberes que adquire, e que busque colocar em prática o que não fazia, tornar ainda melhor o que fazia com alguma imperfeição e continuar fazendo o que já bem fazia, sem se desgastar com o significado desta ou daquela palavra.

A última questão apresenta uma resposta dupla: Philippe Perrenoud, indiscutivelmente a mais lúcida autoridade em competências educacionais, autor de *obras magníficas*[2] sobre esse tema, destaca que elas existem para alunos e professores. Ao acompanhar a relação proposta para os primeiros, percebemos que já buscamos desenvolvê-las nas "capacidades" sugeridas no capítulo anterior. Ao escrever este livro, pensamos fazê-lo para professores, razão pela qual nos deteremos nos segundos. Sendo assim, quantas são as capacidades a serem desenvolvidas?

O próprio Perrenoud lembra-nos, em artigo escrito para a *Pátio* (n. 17, p. 9-12, 2001), que existem atualmente referenciais que identificam cerca de 50 competências cruciais para todo educador e que estas podem ser agrupadas em *10 famílias*, cada uma reunindo diversas competências inter-relacionadas, a saber:

1. Organizar e estimular situações de aprendizagem.
2. Gerar a progressão das aprendizagens.
3. Conceber e fazer com que os dispositivos de diferenciação evoluam.
4. Envolver os alunos em suas aprendizagens e no trabalho.
5. Ensinar os alunos a trabalhar em equipe.
6. Participar da gestão da escola.
7. Informar e envolver os pais.
8. Dominar e utilizar as novas tecnologias.
9. Enfrentar os deveres e os dilemas éticos da profissão.
10. Gerar a sua própria formação contínua.

AUTORES E OBRAS

PHILIPPE PERRENOUD E A CONSTRUÇÃO DE COMPETÊNCIAS

Philippe Perrenoud é um sociólogo suíço, doutor em Sociologia e Antropologia, professor da Universidade de Genebra e especialista em práticas pedagógicas e instituições de ensino. Autor de várias obras, tem-se destacado pela coerência com que exorta os professores e dirigentes escolares a desenvolver competências nos alunos, formando pessoas preparadas para uma nova realidade social e do trabalho. Reproduzimos a seguir duas de suas respostas para um entrevista que concedeu para a *Revista Nova Escola*, edição de setembro de 2000.

"A abordagem por competências é uma maneira de levar a sério um problema antigo, o de transferir conhecimentos. Em geral, a escola se preocupa mais com ingredientes de certas competências e menos em colocá-las em sinergia nas situações complexas. Durante a escolaridade básica, aprende-se a ler, escrever, contar, mas também a raciocinar, explicar, resumir, observar, comparar, desenhar e dúzias de outras capacidades gerais. Assimilam-se conhecimentos disciplinares, como Matemática, História, Ciências, Geografia, etc. Mas a escola não tem preocupação em ligar esses recursos a situações da vida. Quando se pergunta por que se ensina isto ou aquilo, a justificativa é geralmente baseada nas exigências da seqüência do curso: ensina-se a contar para resolver problemas; aprende-se gramática para redigir um texto. Quando se faz referência à vida, apresenta-se um lado muito global: aprende-se para se tornar um cidadão, para se virar na vida, ter um bom trabalho, cuidar da saúde. A transferência e a mobilização das capacidades e dos conhecimentos não caem do céu. É preciso trabalhá-las e treiná-las, e isso exige tempo, etapas didáticas e situações apropriadas que hoje não existem."

E continua: "Os alunos acumulam saberes, passam nos exames, mas não conseguem mobilizar o que aprenderam em situações reais, no trabalho e fora dele (em família, na cidade, no lazer, etc.). Isso é grave para aqueles que freqüentam aulas somente por alguns anos. A escola básica não deve ser uma preparação para estudos longos. Deve-se enxergá-la como uma preparação de todos para a vida."

LEITURAS SUGERIDAS

PERRENOUD, P. *A pedagogia na escola das diferenças*. Porto Alegre: Artmed, 2001.
PERRENOUD, P. *Avaliação - da excelência à regulação das aprendizagens: entre duas lógicas*. Porto Alegre: Artmed, 1999.
PERRENOUD, P. *As competências para ensinar no século 21: a formação dos professores e o desafio da avaliação*. Porto Alegre: Artmed, 2002.
PERRENOUD, P. *Construir as competências desde a escola*. Porto Alegre: Artmed, 1999.
PERRENOUD, P. *Dez novas competências para ensinar*. Porto Alegre: Artmed, 2001
PERRENOUD, P. *Ensinar: agir na urgência, decidir na incerteza*. Porto Alegre: Artmed, 2001.
PERRENOUD, P. *O desenvolvimento da prática reflexiva no ofício do professor*. Porto Alegre: Artmed, 2002.
PERRENOUD, P. *Pedagogia diferenciada: das intenções à ação*. Porto Alegre: Artmed, 2001.
PERRENOUD, P.; PAQUAY, ALTET & CHARLIER. *Formando professores profissionais: quais estratégias? quais competências?*. Porto Alegre: Artmed, 2001.

1ª FAMÍLIA ■ Organizar e estimular situações de aprendizagem

O desenvolvimento dessa competência é simples de ser explicado, mas ninguém poderá exercê-la simplesmente porque leu tais explicações. É possível dizer *o que* se pode fazer por meio dessa competência, mas o *como fazer* depende unicamente do professor, uma vez que varia muito do aluno que ensina, da disciplina que ministra e do ambiente em que esse aluno vive.

Organizar e estimular situações de aprendizagem consiste em agir em sala de aula como um bom técnico de futebol. Sabendo que o atleta possui capacidade para jogar na frente, mostra-lhe sua colocação, treina sua cabeçada, corrige sua postura, adverte sobre seus passos, refletindo sempre que essa aprendizagem somente tem sentido se o jogador for capaz de colocá-la em prática em campo. Esse técnico não estimula situações de aprendizagem para que o jogador as responda em uma prova ou em uma chamada oral; não as estimula para atribuir-lhe em uma prova a nota alta ou baixa; estimula-o tão somente para *sua ação*.

É por esse motivo que o técnico deve entender de futebol e saber olhar o jogo com os olhos experimentados de quem conhece os problemas os quais se dispõe a ensinar o jogador a resolver. É por esse motivo que vídeos sobre futebol, ainda que ajudem um pouco, não preparam o atleta para o jogo, sendo necessário que o técnico oriente o treinamento. Não se treina futebol para provas e para notas; treina-se para jogar.

Portanto, o *como fazer* depende unicamente do professor. Só ele conhece o aluno, seu meio social, seus desafios, suas falas e, talvez, seus sonhos. Por isso, estimular situações de aprendizagem significa ligá-las à vida do aluno, ajudá-lo a resolver problemas não só dos "exercícios" da lição, mas também como modelo dos "exercícios" propostos pela vida.

Um caminho para permitir ao aluno o acesso e o estímulo às situações de aprendizagem é observar as perguntas que faz, as dúvidas que levanta fora da sala de aula. Por que o céu é azul? Por que quanto mais próximo ao sol mais frio fica? Por que existem marés? Por que cultivamos mais café e cana-de-açúcar do que trigo ou aveia... e lá está a geografia ensinando a viver. Por que falamos português e não italiano? Por que temos um rei do futebol, mas o país não tem politicamente um rei? Por que não somos mais desenvolvidos que o Japão?... e lá está a história ensinando a viver. Observe que exemplos não faltam para todas as disciplinas e questões existem em todas as classes.

Não parece absurdo receber um aluno cheio de dúvidas existenciais e este sair da sala de aula cheio de respostas para perguntas que não fez? É evidente que a organização das respostas dadas não poderá circunscrever-se apenas às indagações dos alunos. Também cabe aos professores a tarefa de buscar outras, suscitar curiosidades, alertar espantos, semear desafios. Muitas vezes, a tempestade de dúvidas de uma classe surge a partir das gotinhas de indagações lançadas aqui e ali pelo professor, pelos colegas, pelos amigos, pelo jornal, pela televisão, por toda a sociedade.

É inútil procurar essas questões desafiadoras e intrigantes prontas em algum manual. Coletá-las será sempre uma pesquisa do professor, conversando com seus alunos, ouvindo seus colegas mais experientes, percebendo os temas da disciplina que ensina nas ruas que cercam a escola, na ação de crianças no pátio, nos preços marcados nos supermercados.

Observe que esse estímulo a situações de aprendizagem personaliza a classe, a aula e, mais ainda, personaliza o professor. Nem todas as dúvidas de uma turma são as dúvidas de outra; nem sempre as dúvidas do aluno de um turno, são as mesmas do aluno de um outro; porém, certamente em uma ou em outra classe, em um ou outro período, existem dúvidas aos turbilhões para que os professores as organizem em questões da língua portuguesa, das ciências, da língua inglesa e de outras disciplinas para, ao lado de seus alunos, estruturarem o momento e a oportunidade da construção da resposta, da busca de significados.

Organizar e dirigir situações de aprendizagem é uma família de competências para ensinar da qual também fazem parte outras famílias, tais como:

- Saber selecionar os conteúdos a serem ensinados, elegendo-os de acordo com os objetivos da aprendizagem, abandonando a tradicional "prisão" ao livro didático ou a tolice de se imaginar que o programa de determinada disciplina deve priorizar "quantidades de saberes".
- Trabalhar a partir das representações dos alunos, das suas verdades e da realidade específica da circunstância em que vivem. Lembrar que aprender é como se alimentar: come melhor quem gosta do que come. Ensinamentos forçados jamais constroem a aprendizagem significativa.
- Trabalhar a partir dos erros e dos obstáculos da aprendizagem, nunca buscando nas falhas do aluno um pretexto para sua sanção, e sim um valioso diagnóstico de sua incompreensão, a qual necessita ser superada pela ação do professor.
- Construir e planejar dispositivos e seqüências didáticas. Nunca fazer de um conteúdo "ilha isolada no oceano dos saberes". Sempre integrar um tema a outro, um

capítulo ao anterior e este à unidade didática a que pertence. Experimente emaranhar os capítulos de uma novela e apresentá-los fora da seqüência que orientou sua programação. Ninguém a entenderá, assim como aluno algum será capaz de entender temas que não se integram, idéias que não se "amarram".

- Envolver sempre os alunos em atividades de pesquisa. Um grande professor é sempre um "fazedor" de perguntas, alguém pronto para sugerir atalhos, apresentar dicas, propor curiosidades. Valorize o diálogo, ensine seus alunos a conversar, argumentar, debater, conceituar, julgar.

2ª FAMÍLIA ▪ Gerar a progressão das aprendizagens

Um elemento verdadeiramente absurdo que pode ser observado em alguns livros didáticos ou mesmo em materiais que, com outro formato, buscam cumprir igual função é notar que a linguagem e a estrutura da construção de significados que se desenvolve são praticamente as mesmas do primeiro ao último capítulo.

Verificam-se, é claro, mudanças de temas, mas busca-se ensinar, principalmente em ciências humanas e biológicas, o último dos temas com a mesma estrutura vocabular e com as mesmas conexões mentais com que o livro foi iniciado. Essa situação vale para uma novela ou para um romance. Acredita-se que o leitor não revele mudanças estruturais em sua forma de pensar do primeiro para o último capítulo, porém esse descuido no material escolar é absurdo, como é absurdo na aula que se transmite à classe. O aluno é um ser em integral processo de transformação, em crucial seqüência de mudanças; ao chegar ao meio do livro, certamente não possui os mesmos saberes que possuía quando o iniciou, ampliou seu vocabulário, aprendeu outros conceitos, viveu a realidade de outras disciplinas e, dessa forma, necessita descobrir um professor "novo" em aula, que perceba essas mudanças progressivas e saiba administrar os múltiplos aspectos dessa progressão.

Integram a família dessa competência:

- Conceber e administrar situações-problema que progressivamente se ajustem à transformação do aluno, preocupando-se não só em propor "novos" desafios, como também fazer isso sempre em níveis mais altos, mas que respeitem as etapas, às vezes vacilantes, dessa progressão.

- Adquirir uma visão longitudinal dos objetivos do ensino, percebendo que não existe aprendizagem parcial se ela não se incorpora a uma aprendizagem integral. Saber "tudo" sobre o Renascimento, por exemplo, sem conhecer o período e as idéias que precederam a esse movimento, sem compreender *por que* se manifestou, *onde* e *em que época* ocorreu, é saber um tópico, é aprender sem uma visão longitudinal. Não compreende uma cena quem não a percebe no contexto em que se manifesta. A visão "longitudinal" vem da palavra longitude e esta, é bom lembrar, é a "distância" entre dois pontos e não o ponto em si. Todo tema ensinado requer que se reflita sobre os objetivos da disciplina e os objetivos da educação.
- Estabelecer laços com as teorias subjacentes às atividades de aprendizagem, contextualizando as teses ensinadas, as hipóteses apresentadas, as teorias discutidas à realidade e ao meio do aluno. Não há motivo para se aprender, por exemplo, a teoria de Darwin, se for impossível descobri-lo em nossas ações e nos desafios de nosso cotidiano.
- Observar e avaliar os alunos tendo em vista sua formação progressiva, jamais o estágio final da mesma. A avaliação pode ser manifestada no instante em que se registra a nota ou o conceito, mas ela igualmente precisa ocorrer a cada dia, em todos os minutos. Apresente sempre aos alunos seus projetos de avaliação progressiva e seus critérios, desconsiderando as ridículas provas com "armadilha" que em nada contribuem para o crescimento do aluno.

3ª FAMÍLIA ▪ Conceber e fazer com que os dispositivos de diferenciação evoluam

Imagine a mãe, pode ser também o pai ou o avô, extremamente ingênuos que exigissem o mesmo apetite para os três filhos ou netos, igual satisfação pelas mesmas horas de sono, idêntica disposição para estudar ou brincar! Seria realmente um absurdo, tal como é absurdo padronizar a classe inteira, os objetivos do ensino e a expectativa dos resultados. *Padronizar* é buscar em tudo e em todos os mesmos padrões, proibindo-se cores diferentes, olhares divergentes. É claro que uma plausível "despadronização" não é fácil em salas com muitos alunos, mas o trabalho em grupos, a diferenciação das tarefas, o estímulo à ajuda voluntária dos mais fortes aos mais fracos, a aceitação da classe como organizada em níveis de diversificadas dificuldades simbolizam caminhos alternativos interessantes. Alguns alunos são melhores que outros em algumas linguagens, mas não em todas. Por que não aproveitar capacidades diferentes em trabalhos que recubram todas elas?

Algumas outras competências dessa mesma família poderiam sugerir:

- A existência para toda sala ou para toda série de uma verdadeira UTI, onde alunos voluntários e professores extraordinários doariam uma parte de seu tempo para ajudar quem precisasse.
- A implementação de um projeto de cooperação entre os alunos. Ao invés de apenas lançar essa idéia, lutar para fazê-la crescer, acolhendo sugestões de alunos, ouvindo idéias que estimulassem cooperações, organizassem a formação de "subprofessores" dispostos a ajudar. Construir uma consciência coletiva de que não existe mal algum em se buscar ajuda e que nunca essa busca fique inteiramente sem resposta.

4ª FAMÍLIA ▪ Envolver os alunos em suas aprendizagens e no trabalho.

Constitui quase uma tradição, desgastada pela rotina, a idéia que o professor costuma fazer de seus alunos, dividindo mentalmente em sua classe "aqueles que demonstram vontade de aprender" dos que ali estão sem desejo algum, cumprindo apenas a missão dolorosa que lhes foi imposta pela família ou pela necessidade de arrumar emprego melhor ou realizar-se na vida.

Caso pudéssemos aceitar essa divisão de alunos, estaríamos dividindo os mesmos entre os que irão e os que não irão aprender. Aprender não é trabalho que se cumpra por obrigação, não representa uma perspectiva alcançável por quem quer e por quem não quer. Embora alguns aspectos possam ser efetivamente aprendidos mesmo sem querer, a verdadeira aprendizagem escolar requer vontade de aprender, motivação intrínseca nessa busca. Mas e os que não querem aprender? O que fazer com eles?

Evidentemente que a resposta só pode ser negativa e em sua afirmação coloca-se toda a grandeza dessa família de competências: precisamos descobrir meios de fazer com que os alunos que recusam a aprendizagem possam transformar aversão em aceitação, desprezo em paixão. Como? Parece que, nesse caso, o primeiro e mais importante passo será o de descobrir os motivos causadores dessa aversão.

Será que o discurso em favor da aprendizagem não se apresenta apenas enfático e moralista e, por isso mesmo, chato e distante da realidade pragmática? A causa do desinteresse do aluno não pode centrar-se na apatia do professor? Houve cuidadosa análise de suas relações com seu grupo social? Seus colegas são realmente seus amigos? A escola não é vista pelo aluno como um lugar onde é humilhado? Seu "aprender" não se encontra separado de seu "viver"? Estas muitas outras questões levantadas pela equipe docente, ouvindo alunos, pais e funcionários administrativos, pode representar uma perspectiva de solução. A escola precisa mostrar-se "atraente" para o aluno, seus desafios precisam ser vistos como excitantes, seus professores precisam ser descobertos não apenas como amigos, mas também como companheiros da jornada do crescer e do transformar-se. Apresentar uma equipe docente aos alunos como quem, no passado, apresentava uma noiva imposta por interesse das famílias, pode resultar em um "casamento por conveniência" que jamais será um enlace feliz. Que não se espere aqui "receitas" definitivas para a conquista que se sugere, para a sedução que se aconselha. As regras, como tantas outras vezes dissemos, nascem da equipe docente organizada em torno de sua busca. As soluções variam não apenas de escola para escola, mas certamente variarão de uma classe para outra, de um professor para outro.

Na definição dos subsídios importantes para essa construção, surgem componentes complementares dessa família de competências. Por exemplo:

- O professor deve sentir entusiasmo pelo que ensina, dividir com seus alunos a empolgação dessa sua paixão. Ao contrário do que acontece com as pessoas comuns, os professores não envelhecem pela falência do corpo, pelos retratos de saudade impregnados em sua pele; envelhecem pela perda do ânimo, pela diminuição da garra, pelo murchar do entusiasmo. Cabe aos coordenadores e diretores, na seleção de sua equipe, escolher não os que mais sabem ou os que exibem os currículos mais ilustrados, e sim os mais apaixonados pelo que fazem, mais entusiasmados em aprender, mais conservados pela magnífica juventude de acreditar em seu trabalho e dignificar sua missão.
- É importante que o professor possa explicitar a relação entre a aprendizagem e o saber. O aluno precisa descobrir os imensos ganhos do saber, o valor indiscutível da aprendizagem não só para o seu hipotético "futuro", mas para os dias que vive, para as relações que usufrui. Luta melhor quem sabe por que está lutando; conquista mais quem suporta pequenos desprazeres em troca de um grande projeto.

- É essencial que todo professor possa usar o verdadeiro "termômetro" que a opinião de seus alunos representa. Nem sempre as perguntas abertas, feitas para a classe toda, podem sintetizar a sinceridade da resposta. Nós mesmos, adultos, temos sérias dificuldades em dizer absolutamente tudo o que sentimos a respeito de alguém que está à nossa frente. Que dizer então da criança ou do adolescente, muitas vezes preocupados com o "retorno" da simpatia que, em verdade, não sentem. Porém, se essas avaliações do desempenho abertas não permitem confiança integral no "termômetro", busquemos outros meios e processos para ouvir os alunos, para fazê-los sentirem-se agentes de um processo, e não receptores de conteúdos. Peça a seus alunos que avaliem periodicamente suas aulas sem temor, que critiquem seu desempenho com dignidade, sugiram estilos para sua prova, e acolham sugestões positivas que possam melhorar sempre seus desempenhos.
- Cabe ao professor alternar processos de aprendizagem, mudar projetos de pesquisas, criar alternativas de ensino. Tem sentido todo dia a mesma aula, as mesmas broncas, o mesmo recado? Tudo sempre igual acaba virando rotina, e rotinas são caminhos apenas para habituações, jamais para aprendizagens significativas.
- Prepare-se e prepare a aula de maneira cuidadosa: cuide de sua apresentação, reveja sua postura física, ensaie sua forma de comunicação, aprenda a modular a voz, fazendo da mesma um fundo musical para as idéias que expressa. Não se esqueça de jamais comparar um aluno com outro, de se comparar a outros professores. Não apresente a aula sem um plano coerente, faça dele um verdadeiro convite a uma caminhada coletiva; aprenda a manter a calma mesmo em situações mais difíceis: lembre-se sempre de que uma repreensão severa e firme não precisa ser grosseira e deseducada; falar baixo não significa necessariamente falar sem autoridade; movimente-se o tempo todo, olhe para todos; se imaginar que talvez não possa cumprir, jamais prometa. E, para finalizar, nunca se esqueça de que assiduidade e pontualidade são regras de ouro para despertar a consciência de sua importância e a dignidade de sua profissão no aluno.

5ª FAMÍLIA ▪ Ensinar os alunos a trabalhar em equipe

Uma constatação no mínimo curiosa é observar o imenso contraste entre a *ação coletiva* do homem, em seu lazer e em seu trabalho, em seus momentos de grandeza e em seus instantes de depressão, e a *ação* extremamente *individual* que existe na escola. Tudo o que se faz fora dela se faz em grupo, organiza-se em equipe, e toda preocupação do ensino parece consistir em anular a coletividade, exaltando-se a individualidade. Para todos os pontos aos quais se volta o olhar – estádios de futebol, *shopping centers*, restaurantes, bares, discotecas, empresas, bancos, escritórios – percebem-se grupos de pessoas, equipes de gentes; essa realidade parece somente não existir nas escolas e, às vezes, no cinema ou com a televisão. Nesses ambientes, as pessoas até estão juntas, mas não formam equipes, vivem isoladas. Contudo, essa realidade está mudando rapidamente, e o cinema e a TV interativos já estão concretizando-se. Em muito pouco tempo estará rompido o isolamento do espectador no cinema, diante da TV e em algumas outras participações. E a escola interativa?

Essa contradição absurda precisa acabar. Colocar os alunos em grupos não os faz necessariamente aprenderem a "trabalhar juntos"; portanto, torna-se essencial ensiná-los a cooperar, somar, dividir responsabilidades, interagir. Ensinar os alunos a trabalhar em equipes, despertar-lhes a sensibilidade para o relacionamento interpessoal, para a descoberta de si mesmo através da descoberta do outro, não poderia ser característica desta ou daquela escola, deste ou daquele ambiente. Tudo isso pode ganhar contornos possíveis com outros elementos dessa extraordinária família de competências. Por exemplo:

- É importante propor projetos pedagógicos que realmente necessitem de cooperação conjunta.
- Os professores devem buscar referências para compreender como funciona a dinâmica de grupo que envolve seus alunos. Observá-los no pátio da escola é um bom começo, mas não é tudo. Como se formam os grupos? Que interesses unem pessoas diferentes? Como incitá-los a um trabalho cooperativo?
- Não buscar ensinar sem antes praticar. A escola onde ensinamos forma grupos de trabalho? Existe tal prática para a leitura e a discussão de algumas obras? Para o debate da avaliação da aprendizagem? Para a elaboração de normas disciplinares? Para estudos de caso? Para a organização de uma feira de ciências? Para a montagem de um núcleo de criatividade? Será que os professores da escola sabem realmente que um corpo docente é "corpo" de verdade? Eles sabem que um conjunto de professores não é necessariamente uma "equipe docente"?

PARA REFLETIR

AVALIAÇÃO: UM AMARGO INSTRUMENTO DE PODER

As atuais formas de se produzir terror através da tecnologia são extremamente sofisticadas. Em filmes, jogos eletrônicos ou até mesmo em parques temáticos, as modernas fórmulas de se causar horror transformam em geringonças ingênuas os trens fantasmas de antigamente.

No entanto, por mais intensa que seja essa realidade, em nada se compara ao clima de terror que a aproximação dos exames finais causavam na escola de 40 anos atrás. Se para os bons ou ótimos alunos esse clima era apenas gerador de suores noturnos e calafrios inexplicáveis, para os alunos medíocres, ou mesmo para os mais fracos, essa aproximação mais parecia o ingresso em uma sala de tortura, onde o horror da reprovação, além de humilhar e diminuir, segregar e mentir, roubava do aluno um ano inteiro de sua vida.

Os tempos mudaram. Antigamente, respirava-se uma "cultura de retenção" e o ensino não servia para outra coisa senão para aprovar ou penalizar. Nessa oportunidade, ministrar aula era bem mais fácil, pois toda tendência à indisciplina era bloqueada com a ameaça da nota baixa e toda qualidade da aula tornava-se irrelevante, já que o importante não era transformar-se, e sim passar de ano.

Atualmente, reconhecemos a perversão dessa prática e, aprendendo com países mais sensibilizados pela educação que o Brasil, estamos eliminando a retenção pura e simples do aluno, propondo ciclos geralmente de dois anos, nos quais não se reprova mas se recupera, não se castiga mas se estimula. É, indiscutivelmente, uma conquista de vulto, um forte apelo pela qualidade maior de ensino e um tiro fatal na prepotência de alguns professores com suas notas vermelhas como instrumento de tortura e, por isso mesmo, de poder.

Todavia, como sempre acontece nestas terras, não buscamos sair do negro para o branco passando pelo cinza. Somos o país do tudo ou nada, do certo ou errado, do oito ou oitenta. Formados a partir de uma colonização maniqueísta, rapidamente passamos a pleitear o fim irrestrito de toda retenção, o anacronismo de toda "bomba de final de ano" e a busca dos direitos nas Diretorias Regionais de Ensino para todo caso de retenção.

Como sempre, a tendência cultural do "tudo ou nada" subverte valores e faz a escola sair do azeite fervente para o fogo crepitante. Quando se proclama o fim da cultura da retenção, jamais se propugna seu extermínio; antes, sugere-se a busca de novos caminhos, a eficiência de sistemas de recuperação, os instrumentos de reforço na compreensão da aprendizagem significativa e o treino de habilidades operatórias, os mecanismos pedagógicos de sedução que façam do aprender a alegria do viver. Se esses mecanismos forem bons e o aluno resistir a eles voluntariamente, que seja retido tal como é, por segurança, quem mesmo com bons instrutores ainda assim não aprende a dirigir.

A estrada é longa, mas não é inviável. Se os bons professores de cada escola forem ouvidos, se os grandes pedagogos do passado e do presente forem lidos, se as formidáveis experiências forem trocadas, poderão mostrar que a escola brasileira é capaz de criar, que está apta para se transformar e para transformar o seu tempo.

6ª FAMÍLIA ■ Participar da gestão da escola

Participar da gestão da escola é uma necessidade, porém muitas vezes também é um convite. Tal observação cabe tanto para as escolas particulares quanto para as escolas públicas, tanto para classes de educação infantil quanto para faculdades, centros universitários e universidades. Nestas últimas, por imposição da própria estrutura regimental, a participação do professor é mais plausível. Quase sempre os departamentos precisam apresentar seus colegiados e estes, ao menos no papel, existem. Entretanto, muitas vezes, a participação gestora desse colegiado é extremamente restrita, não poucas vezes participam apenas com suas assinaturas dos projetos pedagógicos plagiados de outras fontes. Na educação infantil, no ensino fundamental e médio, essa participação do professor em uma função gestora, com freqüência, não é bem-vista e, às vezes, ele é convidado apenas pela mediocridade de homologar todos os atos. Obviamente existem exceções admiráveis, e o país é riquíssimo em exemplos de escolas que de fato estão integradas em seu meio, bem como pais e professores, alunos e coordenadores aprenderam a caminhar juntos. Contudo, não parece justo fazer da exceção a regra.

Nesse contexto, resta pouco mais que lamentar a ausência dessa gestão. Por tudo quanto aqui se disse, a escola não é corpo estranho de um tecido social e o professor não pode jamais refleti-la como sendo apenas o lugar em que trabalha. Do contrário, é urgente que comece a mudar, naturalmente, sem precipitação. Chamar os professores para essa gestão, sem antes prepará-los, sem mostrar com clareza o que se espera deles, é simplesmente mudar de mãos o autoritarismo de uma conduta. Uma equipe de ditadores faz tanto mal à democracia quanto um ditador sozinho. Todavia, é natural que diante de tanta exceção se pergunte que papel caberia aos professores na gestão da escola? Seria, por acaso, definir o valor de suas mensalidades, se a escola é particular? Seria, eventualmente, a eleição de seus diretores? Não seria a definição dos critérios de avaliação do desempenho docente?

Embora tais perguntas possam soar estranhas, suas respostas podem ser assumidas com naturalidade? Seria absurdo estabelecer critérios para selecionar melhor a equipe docente? Seria estranho discutir com a comunidade os valores a serem construídos? Seria anacrônico planejar investimentos necessários? É preciso que reflitamos a respeito de todas essas questões.

7ª FAMÍLIA ■ Informar e envolver os pais

A sétima família de competências, ainda que estruturalmente diferente, parece estar envolvida pelos mesmos desafios e pelas mesmas dificuldades da família anterior. Somos inteiramente contrários ao envolvimento dos pais nas atividades docentes, salvo se tiverem formação pedagógica, assim como somos igualmente contrários ao seu envolvimento em cirurgias, planejamentos arquitetônicos ou outros atos que exijam qualificação profissional.

O professor é o profissional que aprendeu – e a cada dia aprende – a se tornar mais competente e, por isso, não pode clamar pela ajuda de outras pessoas, ricas em boa vontade, mas carentes de procedimentos eficientes. Contudo, essa antipatia pela intromissão de pais limita-se ao "espaço sagrado" da sala de aula, à missão intransferível de construir conhecimentos. Fora desse contexto, o envolvimento dos pais torna-se imprescindível.

A educação passada pela escola é parte pequena da macroeducação que a família desenvolve. Essas duas educações, assim, não podem simbolizar linhas antagônicas nem supor intercomplementaridade sem envolvimento, integração, união de propósitos com papéis claramente definidos. Os pais devem acompanhar, passo a passo, a transformação mental de seus filhos, tanto quanto o acompanhamento necessário de sua evolução corporal.

No entanto, supor o envolvimento dos pais vai muito além de mantê-los bem-informados. Ainda que não possamos forçá-los a interagirem com a escola, ou a só procurá-la para reclamarem, precisamos mostrar a coerência dos braços sempre abertos e, bem mais que isso, o envolvimento dos pais em projetos que solicitem integração, missões nas quais seus papéis sejam definidos com clareza. Se é essencial que uma escola seja atraente e sedutora para seus alunos, não é menos importante que essa sedução também envolva os pais. Que se sintam envolvidos em atividades com as quais possam contribuir eventualmente e em algumas outras que necessitam de participação e presença constante. Cabe à escola, e não aos pais, a definição das linhas desse envolvimento, sugerindo atividades que possam praticar, juntamente com os filhos, orientando-os em como acompanhar e ajudar seu desenvolvimento emocional.

8ª FAMÍLIA ■ Dominar e utilizar as novas tecnologias

Inúmeros recursos audiovisuais passam pela escola, incorporam-se às aulas, mas nem por isso alteram a essência – conjunto de qualidades pelas quais a aula precisa existir – de sua estrutura.

É evidente que um projetor de *slides* é importante e que, em algumas aulas, ajuda bastante a ilustração de conteúdos e a motivação dos estudantes; é indiscutível que não podemos prescindir do uso de retroprojetores, gravadores, fotocópias, filmes ou vídeos e, em circunstâncias essencialíssimas, nem mesmo da apresentação de transparências, do uso de microfones ou das atividades com equipamentos laboratoriais. Fechar os olhos para os recursos de multimídia é fazer da escola palco de uma cena do passado. Porém, da mesma forma como é imperioso admitir a ajuda desses recursos, é necessário circunscrever a mesma a uma função complementar à atividade docente. Gravador de som, projetor de *slides*, microfone, etc., são ferramentas que ajudam o professor, mas sem seu empenho e sua participação essa ajuda praticamente inexiste. Os recursos por si só não ensinam – quando muito, ajudam a complementar informações.

Essas observações, no entanto, não são extensivas ao computador e a todos os meios eletrônicos que o acompanham. Pensar que a internet é mais ou menos a mesma coisa que um projetor de *slides* e que uma apresentação em hipertexto nada mais significa que uma pesquisa mais sofisticada representa indesculpável ingenuidade.

O mundo não é mais o mesmo antes e depois do computador, e a ação desse recurso, é claro, não se circunscreve apenas a este ou aquele ambiente, não se restringe à escola que ensina seu manejo. No elevador que se aciona, no telefonema que se recebe, na porta do carro que responde ao apelo do chaveiro, em tudo a presença do computador constitui uma evidência inegável, e fechar as portas da escola a ele significa um retrocesso imperdoável.

A questão vai muito além de se demonstrar "simpatia" ou "antipatia" por computador, de discutir se a escola deve ou não optar por seu uso sistemático em todas as disciplinas curriculares; parece que bem mais urgente e imperioso é concluir-se "como" fazer uso dele, jamais "se" esse uso é ou não pertinente. O computador, tal como o celular, veio para ficar e seu uso pode constituir-se em uma ferramenta pedagógica excelente para que o aluno pense melhor, desperte seu senso crítico, aguce suas dimensões de pesquisa, bem como suas faculdades de imaginação e de comunicação.

A internet transformou-se em um mecanismo extremamente atrativo para a educação e o surgimento do correio eletrônico demonstrou a possibilidade do ensino e da aprendizagem a distância. Pouco tempo atrás, os recursos da internet para o aluno caminhavam pouco além do correio eletrônico; atualmente, ao contrário, em todo lugar é possível a exploração do *download*, com conteúdos que aprimoram a instrução, com desafios que suscitam o imaginário. Várias escolas já intensificaram a descoberta pelo aluno de sites com interfaces atraentes, oferecendo alguma autonomia ao sentido da aprendizagem. Além disso, surgem novos ambientes virtuais de aprendizagem e, nesse contexto, é essencial a participação do professor. Inicialmente, esses ambientes visavam a estimular e inovar a relação ensino-aprendizagem mediada por computadores em rede; hoje, esses ambientes abrem-se para novas e insinuantes metas, por exemplo:

- Oferecer cursos de extensão, supervisionados e monitorados, aos alunos que freqüentam cursos presenciais.
- Oferecer treinamento aos professores e a outros membros da comunidade escolar.
- Criar verdadeiras redes de escolas-irmãs, situadas em cidades diferentes, mas integradas por desafios e trabalhos comuns.
- Explorar novas metodologias de ensino, diversificando ferramentas de *navegação*, de *interatividade* e de *aprendizagem*. A maioria desses ambientes possui ferramentas comuns, as quais podem ser progressivamente descobertas pelos alunos em cada disciplina.
- Usar e ensinar os alunos a usarem editores de textos, explorando de forma mais ampla e consistente a separação de idéias, as diferenças sintáticas e semânticas e o uso das regras gramaticais.
- Explorar as potencialidades didáticas dos CD-ROMS, utilizando-os para a ampliação dos trabalhos em sala de aula. Reclama-se sempre da falta de tempo do professor em "passar um texto" e depois explorar seu conteúdo com análises, sínteses, reflexões, críticas, classificações e outras habilidades. O uso de CD-ROMS pode perfeitamente cumprir a missão de "passar o texto", liberando o professor para sua exploração através de múltiplas inteligências e uso de diferentes habilidades operatórias. Ao lado do desenvolvimento dessas explorações, é importante que o professor não se esqueça de outras alternativas oferecidas por essa tecnologia, entre as quais se inscrevem:
    - *chat*: uma sala de aula permanentemente aberta para professores e alunos trocarem desafios, proporem soluções;
    - *fórum*: espaços abertos, criados para a discussão de temas diversos, propostos pelo professor em diferentes disciplinas;

- *mural*: construção de um verdadeiro jornal vivo, interativo, rico em desafios e temas de interesse dos alunos;
- *planilhas*: novas formas de ilustração de trabalhos em textos e hipertextos e busca de uma linguagem lógico-matemática e espacial para temas antes trabalhados apenas através da linguagem lingüística;
- *correio eletrônico*: ampliação dos limites de comunicação entre alunos de diferentes ambientes e níveis de aprendizagem. Essa comunicação, devidamente orientada pelo professor, constitui uma tarefa contínua e progressiva da aprendizagem proporcionada;
- *links/bibliotecas virtuais*: organização e direcionamento de assuntos pertinentes e selecionados em outros sites;
- *dowload e upload*: busca e pesquisa de conteúdos específicos.

9ª FAMÍLIA ▪ Enfrentar os deveres e os dilemas éticos da profissão

A essência da razão de existir do professor é a educação tomada em seu sentido integral. Não educa quem, nas aulas de história por exemplo, ensina "apenas" história, quem na aula de matemática limita-se a fazer seus alunos compreenderem a decodificação da linguagem geométrica e numérica, quem em outras disciplinas apenas ensina seus conteúdos específicos.

Para Perrenoud, essa família de competências envolve todo professor na obrigatoriedade de "educar" sempre e integralmente, na medida do possível, utilizando-se das ferramentas dos conteúdos que ensina. Imaginar que os alunos saiam da escola dominando apenas os saberes inerentes aos currículos significa voltar as costas para o vandalismo, para a agressão gratuita, para a violência, para a alienação imitativa.

Não existe mais espaço para os professores que trabalham conteúdos específicos, aguardando que um outro colega ministre fundamentos de ética, de solidariedade, de verdade e de beleza, tal como ministra os conteúdos específicos de sua área. Ao contrário, esses valores e sua fixação constituem responsabilidade de todos, em todas as oportunidades. Não como quem abre espaço no tema abordado para ministrar um "conselho" sobre metas e valores morais, mas como um artífice que descobre nos temas que trata oportunidades para combater a violência, a discriminação, o egoísmo e outros males sociais. Muitos professores argumentam que tais mazelas não são de responsabilidade da escola e que, portanto, não é sua função trabalhá-las; porém, se não é função da escola, se não representa um dos múltiplos papéis de todo educador, de quem será?

Considerando, pois, essas competências, elas podem organizar-se na edificação das linhas de ação e projetos seguintes:

- Constitui missão de todo corpo docente criar meios, descobrir procedimentos, organizar métodos e projetos para prevenir toda forma de violência dentro da escola.

É importante frisar aqui que a palavra "violência" precisa ser contextualizada em uma visão ampla, ou seja, está presente quando não se respeitam faixas etárias, filas em cantinas, preservação do pátio, solidariedade e apoio ao outro. É essencial e urgente que todo educador não aguarde de seus diretores ou de seus políticos, com placidez, princípios de ação, mas que ao contrário construa junto a seus colegas novas formas de procedimento, regras internas de conduta, novos princípios de relações interpessoais.

- É essencial que a escola seja um centro social e epistemológico que abomine todas as formas de preconceito e segregação e que não apenas faça com que seus princípios mostrem-se "vivos" em seu espaço, mas que os alunos os aprendam e pratiquem de verdade.

Parece imprescindível reiterar que, se um aluno completa seu ciclo escolar carregando idéias e valores discriminatórios, existe um valor reduzido nos conteúdos que aprendeu.

- É essencial que todo educador possa desenvolver a consciência de sua profissão e o sentido de solidariedade e de justiça que a mesma expressa. É importante que possa fazer com que os alunos saibam divisar o lado "humano" e "cidadão" de todo professor, passível de crítica e ávido de aprimoramento, de seu lado "profissional", envolvido na consciência de um construtor da sociedade.

O professor não pode ser o mesmo na arquibancada do estádio de futebol ao lado de alunos, ou na brincadeira esportiva que inventa com eles nas manhãs de praia, ou na aula que ministra; em cada situação, é uma pessoa e como tal abriga inúmeras possibilidades de imperfeições; em sala de aula e na escola, está como que revestido de um papel centrado no desenvolvimento de uma consciência de justiça e de solidariedade. Assusta-nos a existência de alguns professores, e não poucos, que, desejosos de uma aproximação maior com seus alunos, misturam sua condição de "amigo" com sua função de educador.

10ª FAMÍLIA ▪ Gerar a sua própria formação contínua

Tempos atrás, não tão distantes assim, exigia-se de um professor apenas o domínio amplo dos conteúdos específicos da disciplina ministrada. Conhecimentos de didática eram desejáveis, ainda que não essenciais, e noções de psicologia do aprendiz eram um luxo. Além disso, a mudança dos saberes era extremamente lenta e, na maior parte das vezes, quando pai e filho tinham sido alunos do mesmo mestre, recordavam-se de maneira precisa e idêntica como certo assunto havia sido abordado e até das anedotas contadas em tal ocasião. O conservadorismo e a alienação não eram vistos em si como um mal, quando muito como detalhe de uma personalidade que não poderia ser execrada por tais procedimentos. A bagagem de saberes construída nos tempos de faculdade perdurava até o ato final de sua aposentadoria.

O que era apenas um certo jeito de ser transformou-se hoje em injustificável procedimento, e quem pensa assim é visto como um autêntico "dinossauro" que, por algum capricho geológico, escapou da extinção. Vive-se tempos da educação permanente e todos aqueles que não se transformam a cada dia, em cada passo, não podem pleitear a dignidade de sua profissão. Em nome dessa contingência, de tal forma explícita que parece inútil discutir, os professores de agora necessitam incorporar às suas outras competências a capacidade de:

- Libertar-se da rotina, passando a estabelecer como meta de vida a ousadia e a coragem de repensar seus caminhos, estudar muito e sempre e reinventar seus próprios passos.
- Revelar a capacidade de identificar, justificar e detalhar cada passo de sua ação pedagógica e de suas práticas docentes.
- Reaprender com cada classe a gerenciá-la como uma verdadeira comunidade educativa e a percebê-la como centro gerador de aprendizagens e de significados.
- Jamais perder a visão do todo e perceber em cada aula, em cada fala, os objetivos da disciplina, do currículo e da própria educação.

- Planejar e replanejar para cada espaço de tempo as conquistas que almeja, as aprendizagens que busca, os livros que deve ler, os cursos que fará, os progressos que percebe.
- Buscar envolver os colegas, cooperar efetiva e entusiasticamente para que o corpo docente integre-se em projetos definidos, fale uma língua comum, e seus membros sejam construtores, cada um com sua especialidade, de uma obra educativa mais ampla.
- Insurgir-se como um construtor de desafios, animador de projetos, propositor de dúvidas, despertador de interrogações. Mostrar-se um ajudante eficiente e um mediador imprescindível ao aluno em sua construção de significados, no uso de habilidades operatórias e na descoberta de contextualizações.
- Perceber com lucidez suas limitações técnicas, culturais e pedagógicas como desafios a superar, como metas de um projeto que, com fins e meios definidos, se procurará vencer. Buscar sempre novas estratégias de ensino, novas formas de aprendizagens, novos paradigmas de avaliação, novos meios de gestão e controle disciplinar, mas sobretudo lutar sempre por uma qualidade maior de pensamentos e de julgamentos. O fato de não saber alguma coisa, antes tão imperdoável, atualmente é encarado como a postura de quem evoluiu e o ícone de quem sabe compreender os tempos em que vive.
- Admitir suas limitações, mas não abdicar do sentimento de construção de uma escola melhor, um bairro superior, uma nova cidade, um país mais digno, um mundo mais honrado.
- Servir-se da avaliação do desempenho dos alunos para diagnosticar suas limitações individuais e traçar planos para remediá-las através de uma pedagogia diferenciada, centrada no estudante.
- Auto-avaliar-se a cada passo, ser consistente em suas exigências, crítico em relação às suas conquistas.

NOTAS

1. Conceito apresentado por Philippe Perrenoud e abordado em sua obra *Dez novas competências para ensinar* (Porto Alegre: Artmed, 2000) e ratificado em uma entrevista concedida por ele à *Revista Nova Escola*.

2. As principais obras de Philippe Perrenoud foram editadas no Brasil pela Artmed Editora. Além da citada na nota anterior, cabe sugerir *Construir as competências desde a escola* (1999), *A pedagogia na escola das diferenças* (2001), *Avaliação: da excelência à regulação das aprendizagens – entre duas lógicas* (1999), *Ensinar: agir com urgência, decidir na incerteza* (2001), *Pedagogia diferenciada: das intenções à ação* (2000) e *Formando professores profissionais: quais estratégias? Quais competências* (2001).

10

COMO ESTIMULAR AS INTELIGÊNCIAS

BUSCANDO CONCEITUAR INTELIGÊNCIAS

A maior parte do que hoje sabemos sobre a inteligência humana consolidou-se nos últimos 20 anos. Definições e sondagens naturalmente existiam, mas nem todas promoviam sua associação à mente. Aristóteles, considerando a inteligência como processo maior do pensamento, acreditava que esta emanava do coração; Leonardo da Vinci centrava-a no líquido encefalorraquidiano; Descartes restringia-a à glândula pineal e São Tomás de Aquino encerrava o assunto, afirmando-a como algo divino, portanto além das discussões biológicas.

Hoje, não resta mais dúvida de que a inteligência é um potencial biopsicológico que se manifesta na mente humana através de uma constelação de funções cerebrais, altamente organizadas, resultante de uma imbricação de ações que envolvem neurônios e neurotransmissores, sinapses e fluxos sangüíneos. Com a identificação de sua "morada", as definições de inteligência tornaram-se mais lúcidas, indo desde a capacidade para resolver problemas e construir produtos válidos para um contexto cultural até a competência para disponibilizar diferentes recursos cerebrais para se adaptar a alguma situação e para agir.[1] A inteligência liga-se à criatividade e à cognição e constitui um sistema de tal forma organizado da mente, que computador algum, por mais avançado que seja, pode ainda medi-la com precisão ou discriminá-la com incontestável certeza.

O QUE HOJE SABEMOS SOBRE A INTELIGÊNCIA HUMANA

Se, por um lado, ainda se hesita na unicidade de uma definição para a inteligência e persistem algumas dúvidas sobre os limites de sua medição, por outro lado, existem algumas certezas que as ciências cognitivas, após a visão do cérebro em ação através de *equipamentos especialíssimos*[2], pode garantir-nos. Entre elas figuram:

- A inteligência é estimulável e, independentemente da carga genética ou da história biológica e evolucionista de uma pessoa, são inegáveis os efeitos em seu progresso, ocasionados por um ambiente estimulador e por pessoas empenhadas nesse fim.

Guardando-se a devida proporção, é possível dizer que a inteligência é semelhante à habilidade de uma pessoa destra com a mão esquerda. Incapaz de pentear o cabelo, escovar os dentes, acionar a ignição de um carro com a chave ou abrir uma singela fechadura, desenvolve essas habilidades se por algum tempo ficar impedida de usar a mão direita. Experiências recentes feitas em ambientes altamente estimuladores ou observadas com crianças abandonadas entre animais comprovam essa evidência e derrubam teorias que por muito tempo afirmavam que a inteligência representava um traço estável e fixo em todas as pessoas.

- Não existe uma única inteligência. As inteligências são múltiplas, como Gardner e outros teóricos demonstraram, e essa multiplicidade pode ser constatada pela observação da mente humana *in vivo*, onde as áreas que opera para algumas ações não são as mesmas que usa para outras, e também por apuradas observações de pessoas que tiveram áreas cerebrais lesionadas por doenças ou traumas, perdendo algumas ações sem perder outras, ou mesmo pela extrema diversidade com que alguns gênios são excepcionalmente hábeis em uma ou outra linguagem: Mozart é o expoente de uma extraordinária inteligência musical, Einsten da inteligência lógico-matemática, Fernando Pessoa da inteligência lingüística e assim por diante.
- Os estímulos para as diferentes inteligências precisam ser organizados em verdadeiros projetos e, por isso, não produzem resultados significativos se aplicados acidentalmente ou provocados em circunstâncias aleatórias. Assim como a perda de peso para quem entra em um regime de emagrecimento envolve metas, procedimentos, mudança de hábitos e múltiplas ações voltadas a esse objetivo, o estímulo às inteli-

PARA REFLETIR

KAMALA E AMALA: A INFLUÊNCIA DO MEIO

Em 1941, chegou às mãos de dois doutores das Universidades de Denver e Yale um relatório surpreendente, escrito por Singh, um padre católico. Tratava-se da descoberta na Índia, em uma floresta a noroeste de Calcutá, de duas crianças criadas por lobos, fato não muito surpreendente, pois era comum entre os nativos da região abandonarem as filhas meninas.

A mais nova, que passou a ser chamada de Amala, tinha cerca de dois anos; a outra, Kamala, devia ter sete anos ou um pouco mais. Após intensas observações, várias pesquisas e muitas fotos, percebeu-se que essas crianças apresentavam a cabeça, o peito e os ombros cobertos por pêlos grossos, moviam-se sobre as mãos e os pés e possuíam olhos que enxergavam admiravelmente bem no escuro. Revelavam um olfato extremamente sensível, corriam de quatro com enorme rapidez, apresentavam ombros largos, pernas fortes e quadris dobrados. Não conseguiam assumir a postura ereta e apanhavam os alimentos com a boca, e não com as mãos. Kamala era a que mais se assemelhava aos lobos e praticamente comia apenas carne. Mostravam-se imunes às diferenças de temperatura, não transpiravam e, ao menor barulho, suas orelhas ficavam de pé e seus músculos retesados. Quando se zangavam, suas narinas vibravam, mostravam os dentes e rosnavam tal como os lobos. Dormiam durante o dia e mantinham-se em vigília à noite, muitas vezes uivando em tempos determinados: sempre às vinte e duas, à uma e às três horas. Jamais perderam esses hábitos enquanto estiveram entre os humanos, até morrerem por volta dos 16 anos.

Contra fatos não há argumentos: crianças humanas, vivendo entre lobos e sendo adestradas por eles, assumiram seus hábitos, desenvolvendo uma sublime força vital para absorver os componentes do ambiente.

E qual é a relação desse fato com a educação? Ele nos ensina como é crucial e importante guiar, em todos os sentidos, todas as inteligências formadas e todas as competências possíveis de uma criança ao longo de sua infância. Ainda que a carga hereditária, moldada por uma longa história genética evolutiva, possa diferenciar um pouco esta daquela, uma inteligência de outra, o ambiente no qual a criança cresce e no qual se relaciona com as coisas e as pessoas, com as circunstâncias e o mundo, é extremamente crucial para torná-la o que será na vida adulta. A história de Amala e Kamala ensina-nos que nossa mente e nossa sensibilidade, nossos conhecimentos e nossa sabedoria, a conduta que apresentamos, entre outros aspectos, revelam com incontestável vigor de que berço viemos.

Crianças-lobos, como as meninas de Calcutá ou mesmo Victor de Aveyron[3], trazem responsabilidades insuspeitas para a educação. Na verdade, a única habilidade mental superior de um bebê que pode ser considerada hereditária é a capacidade de se adaptar ao ambiente e de absorver tudo o que é colocado no mesmo pela educação. Pais, avós, amigos, vizinhos e professores são os formadores de gênios ou de canalhas; o resto é tolice que a ciência a cada dia, com mais ênfase, desmente.

gências necessita de projetos definidos com clareza e aplicados com incontestável persistência. A síndrome da precipitação e a ansiedade por resultados imediatos são inimigas inconciliáveis do estímulo inteligente.

- A estimulação das inteligências não implica necessariamente custos elevados e recursos tecnológicos de alta definição. Embora um ambiente materialmente farto seja muito mais estimulante que outro cercado pela angústia da sobrevivência e a penúria da fome, é perfeitamente possível identificar lares profusamente estimuladores em humildes barracos, ou outros extremamente desestimulantes em suntuosos palacetes. Uma criança que, entediada, percorre vários canais de televisão durante horas a fio, parando apenas para empanturrar-se de guloseimas e refrigerantes que apanha na geladeira, está bem mais distante da qualidade de estímulos que uma outra cercada de pais com parcos recursos, mas verdadeiramente interessados em procedimentos que propiciem um crescimento mental saudável.

- Os estímulos para as inteligências podem ser específicos, mas seu efeito atua sobre campos diferentes do mapa cerebral. Em outras palavras, se estivermos sentados escrevendo um texto e um cheiro de fumaça despertar nossa atenção para um início de incêndio em uma cesta de lixo e, incontinente, atirarmos a água da jarra sobre a mesma, várias inteligências terão sido simultaneamente acessadas. Uma eventual disfunção cerebral poderia perturbar nossa percepção olfativa, tornar inerte nosso movimento ou até silenciar nossa ação no sentido de apagar o fogo; porém, se nada disso ocorreu, a ação de sentir, perceber, identificar, movimentar e agir envolveu uma constelação múltipla de inteligências. Dessa maneira, quando desenvolvemos uma atividade estimuladora da inteligência cinestésico-corporal, por exemplo, a partir dela estamos estimulando muitas outras, circunstância que não nos impede de promover e dirigir estímulos específicos. Um professor de futebol, por exemplo, não ensina apenas a chutar, mas mesmo que dirigisse sua aula exclusivamente para esse fundamento, simultaneamente também estaria estimulando vários outros. Não se chuta sem a correção de uma postura, o ensaio de uma respiração, a perspicácia da visão e outras manifestações, embora a finalidade explícita seja apenas chutar. Portanto, há uma série de estímulos para diferentes inteligências e, ainda que sejam específicos para uma determinada inteligência, provavelmente atuarão sobre toda a estrutura neuronal.

- O potencial das inteligências varia enormemente de pessoa para pessoa, e esses espectros podem tornar-se ainda mais diversificados pela integração de fatores genéticos e estímulos ambientais, desenvolvidos dentro e fora da realidade escolar. Além disso, cada um dos tipos de inteligência, em suas funções de recepção e expressão de informações, apresenta diferentes modalidades de processamento, incluindo discriminação, identificação, análise, retenção, síntese, compreensão, integração, conceitualização, memorização, planejamento, organização e decisão. A Teoria das Inteligências Múltiplas não descarta a existência de uma inteligência geral, mas sim a concepção de que o saber humano expressa-se através de apenas uma ou duas linguagens diferentes.
- A ocorrência de problemas ou disfunções cerebrais pode afetar uma ou algumas inteligências sem que exista necessariamente um comprometimento integral. Assim, por exemplo, pessoas com privações de várias ordens podem não evoluir bem na compreensão de geometria e de geografia, mais relacionadas a atividades cerebrais do hemisfério direito, mas podem em contraste atingir um nível médio ou excelente de progresso na aprendizagem de línguas, história ou filosofia, disciplinas que envolvem funções predominantemente do hemisfério cerebral esquerdo. Muitas vezes, portadores de deficiências específicas podem revelar um agudo comprometimento motor ou até mesmo verbal, porém dispõem de forma intacta de todo o seu potencial emotivo.
- Cada inteligência pode ser notada através de diferentes manifestações, as quais, apenas para efeito didático, poderiam ser consideradas "subinteligências". Desse modo, por exemplo, a ação cinestésico-corporal tanto pode manifestar-se de forma absoluta, como na dança, como de forma particularizada, como através da sensibilidade tátil, auditiva, gustativa, etc.
- A importância maior ou menor de uma inteligência em relação a outra, ou mesmo o "valor" social de uma determinada inteligência, subordina-se à cultura predominante no ambiente. Por isso, algumas culturas valorizam extremamente a inteligência musical, outras a lingüística, e assim por diante. É importante que a educação das inteligências não privilegie o destaque específico de uma ou de algumas em relação às demais.

- O cérebro é um órgão que se compromete pelo desuso; portanto, as manifestações das diferentes inteligências precisam de estímulos da vida pré-natal até idades bastante avançadas, embora as "janelas da aprendizagem" não se mostrem abertas com igual intensidade para todas as faixas etárias.[4]
- Não existe uma única abordagem pedagógica para se trabalhar inteligências múltiplas em sala de aula. Conseqüentemente, não existe e não pode existir "proprietários" específicos de "receitas definitivas" sobre como trabalhar essa diversidade de competências humanas. Os jogos estimuladores de inteligências são válidos, desde que desenvolvidos como produto de um projeto pedagógico consistente, que deixe claro suas metas, os "produtos" que busca alcançar, as estratégias que serão utilizadas e a intensidade com que o treinamento poderá vir a ser feito.
- O potencial das inteligências das crianças cresce de forma significativa quando comparado com o de gerações passadas. Estudos recentes mostram que estão ocorrendo mudanças, reorganizações fisiológicas e anatômicas na microtextura do cérebro que ainda não são compreendidas plenamente, mas que podem ser verificadas comparativamente. Assim como novos saberes sobre a qualidade da alimentação estão fazendo os filhos crescerem mais altos que seus pais, percebe-se que as crianças estão ficando mais inteligentes a cada geração. A existência de famílias menores, permitindo aos pais dedicar maior atenção aos filhos, as exigências do mercado de trabalho, levando os pais a se aprimorarem mais culturalmente, os novos estudos e pesquisas, enfatizando a importância e a prática dos estímulos e ensinando a maneira de promovê-los, os equipamentos eletrônicos e de comunicação doméstica que, se bem utilizados, podem exercitar a criança e novos modelos de escola, que exploram racionalmente a maneira de pensar e desenvolvem projetos estimuladores de diferentes inteligências, são algumas das razões para esse crescimento.

Esse último fator é bastante significativo. Quanto mais pessoas inteligentes e competentes são estimuladas por ambientes diversificados, tanto mais estímulos buscam e maior crescimento geram nesses ambientes. Isto prova que existe um adorável círculo vicioso capaz de prever que essa escala tende indefinidamente a prosseguir.

A MEDIDA DA INTELIGÊNCIA

Se algumas evidências são claras e ilustrativas sobre o que agora se sabe sobre as inteligências, não se mostra igualmente promissor o avanço das estratégias para medi-las. Por muitos anos, utilizaram-se os testes de QI e, mesmo hoje, assiste-se à sua revitalização, mas é importante que o professor conheça claramente os limites desses testes. A inteligência humana não é uma expressão corporal que se afere com régua, tal como a altura, não é um potencial cumulativo estático que se pesa em uma balança e, menos ainda, um desempenho quantitativo, passível de ser medido com um cronômetro. Além disso, os testes de QI são produto de uma época em que se confundia duas inteligências – lingüística e lógico-matemática – com todas as demais e minimizava-se a capacidade humana de se expressar através de linguagens diferentes.

O que atualmente se busca são novos paradigmas para avaliar as múltiplas inteligências humanas, algo como um termômetro que tenha validade específica para a pessoa examinada e que, assim, jamais transfira ou compare seu poder de progresso para outras pessoas. Enquanto não se descobre esse "termômetro" especial, é essencial que pais e professores observem tudo, anotem tudo, registrem passo a passo o progresso de quem estimulam e elaborem relatórios amplos, revelando cada conquista, percebendo cada nuança desse incontestável crescimento.

ALGUNS TRAÇOS CARACTERÍSTICOS DAS INTELIGÊNCIAS NA INFÂNCIA

Embora não seja fácil avaliar as inteligências, existem *alguns traços* comuns que, se observados na infância, podem dar-nos uma percepção das mesmas. Comparando-se esses traços em irmãos gêmeos adotados por famílias com diferentes condições de geração de um ambiente estimulador, percebeu-se que a maior parte deles mostrava de forma bem mais expressiva a força do ambiente que a provável estrutura genética. Os mais destacados são:

- *Curiosidade*: a criança inteligente é a criança xereta, perguntadora, pronta para se meter onde não foi chamada. Ainda que tempos atrás se atribuísse à curiosidade infantil uma ação de "falta de educação", a verdade é que essa curiosidade é sempre bem-vinda, sobretudo para pais e professores que sabem valorizá-la e legitimá-la.

- *Bom humor*: o riso fácil, a alegria espontânea, a facilidade em fazer piadas compatíveis com a idade e rir das mesmas são claros indícios de atividades cerebrais intensas e de sinapses em ebulição.
- *Persistência e empenho na satisfação de seus interesses*: em alguns momentos, somos tentados a substituir esse traço por "teimosia"; porém, admitindo sua abrangência extremamente ampla, devemos reconhecer que crianças pouco inteligentes são apáticas, conformistas, resignadas.
- *Facilidade na proposição de idéias encadeadas*: quando se conta algo, a criança inteligente costuma saltar do texto para o contexto, dos relatórios para as analogias, buscando comparações e destacando exemplos, mesmo que nem sempre sejam pertinentes. A associação entre o texto e a imagem, entre o ontem e o agora, entre o visualizado e o imaginado representa um traço expressivo.
- *Liderança*: embora esse atributo não se manifeste em todas as ações sociais da criança, a facilidade em descobrir seguidores e reunir os outros em torno de suas brincadeiras identifica uma viva inteligência interpessoal e uma atividade cerebral mais forte.
- *Poder de transposição de uma linguagem para outra*: desenhar uma cena que se ouviu ou à qual se assistiu, inventar uma música para "ilustrar" um texto, criar movimentos corporais para expressar sentimentos, transpor mensagem de uma inteligência para outra constituem traços marcantes e expressivos de inteligências diversas.
- *Sentimento de revolta diante do que acredita ser injustiça*: ainda que nem sempre possa pensar em termos de uma moralidade independente, a criança emocionalmente inteligente fica furiosa quando se acredita injustiçada e, algumas vezes, até mesmo quando acredita que algum irmão ou amigo foi alvo de injustiça. Como detesta perder, quando joga com os amigos, prefere sempre que "todos ganhem".
- *Criatividade e imaginação*: assim como algumas vezes a criatividade inconsistente e fluida e a incapacidade de centrar-se em um objetivo pela fluência de novas idéias possam identificar-se como sintomas de TDAH,[5] o poder de fantasiar e viver as fantasias é forma característica de inteligência e sua manifestação pode ser verbal, visuoespacial, mímica ou sonora.
- *Facilidade de adaptação*: é sempre natural uma sensação de desconforto imposto pela mudança, mas as crianças inteligentes superam essa sensação com facilidade maior que seus colegas de igual faixa etária.

- *Facilidade em relacionar informações aparentemente diversas*: ao ver uma cena na TV, ao lembrar uma situação relativamente análoga vivida por ela ou por um amigo, ao ouvir algo, a criança faz essa idéia transitar por outros caminhos e descobrir novos sentidos.

OITO OU NOVE INTELIGÊNCIAS?

Howard Gardner jamais reclamou a primazia de pensar em muitas inteligências para o ser humano. Antes dele, já em 1904, Spearman defendia a idéia de que a inteligência é composta por diversos fatores específicos. Mais tarde, em 1927, Thorndike mostrava que poderíamos representá-la através da soma de diferentes habilidades, como o raciocínio abstrato e mecânico ou as competências sociais. Em 1938, Thurstone mencionava a fluência verbal e a habilidade numérica como indícios de multiplicidade da inteligência e ainda os reforçava, incluindo neles o sentido de percepção e a memória associativa.

Posteriormente, em 1959, Guilford desenvolveu uma complexa teoria multifatorial da inteligência, afirmando que a capacidade intelectual humana consistia de nada menos que 180 habilidades diferentes. Entre esses cientistas, muitos outros alinharam-se divergindo conceitualmente sobre a quantidade de inteligências disponíveis. Nenhum deles, porém, associou seus estímulos à sala de aula, tal como fez Howard Gardner (1983).

Dividiremos as propostas de atividades e estímulos nas inteligências lingüística, lógico-matemática, visuoespacial, musical, cinestésico-corporal, naturalista, interpessoal e intrapessoal. Embora Gardner ainda discuta e busque mais elementos para incluir nessa relação a inteligência que chama de existencial[6], também para ela destacaremos alguns exemplos. É importante ressaltar que não estamos propondo estímulos específicos para essas inteligências, uma vez que existem obras[7] que tratam com propriedade esse assunto. O objetivo deste capítulo é esclarecer as formas de estimulação dessas inteligências em disciplinas curriculares usuais, trabalhando os conteúdos que habitualmente trabalham. Portanto, a preocupação com as idéias sugeridas é a de se trabalhar as inteligências múltiplas na mesma oportunidade em que se cumpram os conteúdos curriculares específicos.

Por alguns momentos, ficamos em dúvida se a divisão do tema segundo as disciplinas curriculares – língua portuguesa, matemática, história, desenho, artes, educação física, geografia, ciências, língua inglesa e outras – não ajudaria mais intensamente o professor.

Libertamo-nos, entretanto, depressa dessa iniciativa por acreditar que estímulos múltiplos e diversificados sempre estão bem mais acima do que a divisão em faixas de conteúdos e saberes. Preocupa-nos muito a sensação de que alguns professores possam pensar que determinada disciplina deva representar o pólo estimulador desta ou daquela inteligência. Isso é inaceitável e, evidentemente, todos os temas curriculares – do máximo divisor comum ao Renascimento, da tabela periódica dos elementos às obras de Machado de Assis – podem ser trabalhados e expressos por todas as inteligências, da mesma forma como o envolvimento do aluno em torno do estímulo ou jogo proposto pode ser conquistado da educação infantil ao ensino superior. Não será possível, em um texto com a finalidade prática que se pretende para este, diversificar a explicação, mostrando-a como deveria ser feita em cada faixa etária, mas é evidente que tudo quanto aqui se mostrar já se experimentou e não será difícil adaptar as atividades para alunos mais velhos ou mais novos.

NOTAS

1. Para maior aprofundamento, sugere-se a leitura do Capítulo 5, de *A motivação do aluno*, obra organizada por Evely Burochovitch e José Aloyseo Bzuneck (Petrópolis: Vozes, 2001).

2. Os mais sofisticados equipamentos para avaliar o cérebro em funcionamento são os que permitem imagens através do Magnetic Resonance Imaging (MRI) e, disponíveis desde 1970, os exames de tomografia axial computadorizada (Computadorized Axial Tomography – CAT). Além desses equipamentos, utiliza-se o exame de ressonância magnética funcional e a tomografia por emissão de pósitron (Positron Emission Tomography – PET).

3. A impressionante história de Victor e as tentativas relativamente frustradas de Jean Itard para educá-lo podem ser lidas em *A educação de um selvagem*, organizada por Luci Banks-Leite e Izabel Galvão (São Paulo: Cortez, 2000).

4. Para maiores informações sobre as janelas da inteligência, recomendamos a leitura de *As inteligências múltiplas e seus estímulos* de Celso Antunes (Campinas: Papirus, 1998).

5. Para maior aprofundamento, sugerimos a leitura de *A miopia da atenção*, de Celso Antunes (São Paulo: Salesiana, 2001), que examina e apresenta procedimentos e meios para a identificação e administração dos problemas em sala de aula com crianças portadoras de transtorno de déficit de atenção e hiperatividade (TDAH).

6. Segundo Howard Gardner, a inteligência existencial estaria ligada à capacidade da pessoa em se situar ao alcance da compreensão integral do cosmos, do infinito e do infinitesimal, assim como a capacidade de dispor de referências às características existenciais da condição humana, compreendendo de maneira integral o significado da existência, ou seja, da vida e da morte, o destino do mundo físico e psicológico e a relação do amor por um outro, pela arte ou por uma causa.

7. Para maiores informações, sugere-se a leitura de *Jogos para a estimulação das múltiplas inteligências*, de Celso Antunes (Petrópolis: Vozes, 2000).

11
CONTEÚDOS CURRICULARES E AS INTELIGÊNCIAS MÚLTIPLAS

A INTELIGÊNCIA LINGÜÍSTICA

O aperfeiçoamento da inteligência lingüística favorece um melhor uso das palavras e um poder, quase inconsciente, de se construir sentenças com mais clareza, pertinência e lucidez. Quanto mais ela é desenvolvida, mais claramente se expressa a pessoa, quer no plano oral, quer no plano da escrita. Essa inteligência envolve a capacidade de manipular com eficiência a sintaxe, a semântica e os usos práticos da linguagem, incluindo para alguns a retórica, a capacidade de explicação e até a metalinguagem, isto é, o uso da linguagem para falar sobre ela mesma. Quem possui essa inteligência acentuada revela expressiva sensibilidade aos sons, aos significados e às funções das palavras e da linguagem e sua estrutura desenvolvimental ocorre com maior intensidade na infância, perdurando até a velhice. Sua identificação mostra-se mais clara na paixão pela leitura, no gosto pela seleção de palavras, pelas palavras-cruzadas e pelos jogos de palavras, bem como na facilidade em transitar por trava-línguas, trocadilhos, trovas e rimas ou, em certos casos, aprender línguas estrangeiras. A seguir, oferecemos algumas sugestões para exploração e utilização de habilidades lingüísticas específicas em qualquer tema ou conteúdo, em qualquer disciplina curricular, desde que adaptadas à estrutura vocabular e, naturalmente, à faixa etária do estudante.

▪ Trabalho com a língua falada

Independentemente da disciplina ensinada, é essencial que o aluno descubra que existem diferentes tipos de discursos e diferentes meios de uso da fala e seleção das palavras. Uma entrevista difere da defesa de uma causa, e os argumentos utilizados em um ponto de vista não são os mesmos usados na descrição de uma cena ou de um evento. É importante que o aluno perceba o domínio das pausas de leitura, o caminho progressivo na construção de frases claras e concisas e também a importância dos elementos não-verbais em uma comunicação eficiente.

▪ Exercícios em hipertexto

Muitos alunos não apresentam dificuldade em diferenciar uma página impressa em papel de uma outra que se apresenta sob a forma de hipertexto, mas para a maioria existe apenas o domínio de uma dessas linguagens. É importante que possam descobri-las e organizar lições, sínteses, temas e idéias através dessa forma de apresentação.

▪ Confecção de cartazes

O preparo de cartazes, transparências, faixas com avisos ou mesmo a tentativa de transmissão de um fato sob a forma de folhetos – por exemplo, um pequeno folheto anunciando a Derrama ou destacando uma obra do Renascimento – enfatiza formas e alternativas diferentes de se trabalhar textos diversos.

▪ Entrevistas

Quando os alunos entrevistam uma pessoa da própria família, um vizinho ou um funcionário da escola, organizando-se antecipadamente para essa entrevista, discutindo as melhores perguntas, estão aprimorando sua capacidade de expressão e contextualizando o tema que estudam por meio da profissão, dos hábitos e da cultura da pessoa entrevistada.

▪ O uso de gravadores

Ao contrário da escrita, a fala não pode ser reconstruída e essa circunstância torna imprescindível um cuidadoso preparo para toda exposição. É sempre interessante os alunos descobrirem que existem esquemas que ajudam a fala e, quando preparam uma aula que deverão apresentar, precisam explorar todos os domínios da linguagem oral. Usar o gravador, quando possível, constitui uma interessante estratégia, desde que o aluno ouça sua fala com intenção de aperfeiçoá-la, buscando sinônimos mais adequados, aprendendo pronúncias corretas e enriquecendo progressivamente o seu vocabulário.

▪ Histórias interativas

O professor pode sugerir que os alunos inventem uma história envolvendo o tema trabalhado e que alguns de seus conceitos-chave ilustrem essa história. Pode sugerir que cada dupla de alunos construa uma sentença e, em sala de aula, desenvolva um trabalho, procurando integrar essas sentenças em um único enredo. Depois esse enredo pode transformar-se em uma história contada a uma ou a algumas vozes, envolvendo os alunos em participações interativas.

▪ Literatura de cordel, "causos" populares e textos teatrais

Explicando e exemplificando aos alunos as características dos versos que estruturam a literatura de cordel, ou mesmo a versão em prosa dos contadores de história, ou ainda alguns trechos de diálogos extraídos de peças teatrais, os professores podem encontrar uma "ferramenta" interessante, utilizando essas formas de linguagem nos textos da disciplina trabalhada ou de alguns conteúdos específicos.

▪ Jogos de palavras, jogos do telefone ou trava-línguas

Uma sentença de ciências físicas ou biológicas, de geografia ou de história, uma teoria ou um teorema, uma lei natural ou outro tema descrito com as palavras fora de ordem e um estímulo para sua estruturação léxica configuram-se em um valioso recurso para uso em sala de aula. A estratégia de aprendizagem conhecida como *jogo de palavras* (Antunes, 1997, 2001) usa os recursos desse procedimento. O *jogo do telefone*, além de ser uma estratégia para o pensamento criativo e um estímulo às contextualizações, também representa uma ferramenta valiosa para a inteligência lingüística ou verbal.

▪ Textos jornalísticos, publicitários e científicos

Os alunos podem gravar trechos de programas de rádio, caracterizados por frases breves e variações específicas nas entonações, debate televisado, expressões características de certos anúncios comerciais ou ainda textos de publicidade que exploram técnicas de repetição, ou mesmo textos científicos previamente selecionados, para treinar a transposição de textos da disciplina ensinada. Imagine um aluno, depois de estudar e compreender o conteúdo, anunciando as características do Pantanal ou os elementos referenciais da Reforma ou, ainda, aspectos do funcionamento dos rins valendo-se de diferentes formas usadas na comunicação da mídia.

▪ O uso de debates

Todo tema escolar pode ser transformado pelo professor em uma idéia polêmica e prestar-se a interessantes e envolventes *debates* com sua segura intervenção, organizando as regras e o tempo necessário a exposições, réplicas e tréplicas, atribuindo e tirando a palavra, sugerindo maior clareza nas idéias, propondo análises ou sínteses, ajudando os alunos a disciplinarem o pensamento através da expressão verbal. Uma forma segura de iniciar atividades dessa natureza é discutir com a classe algum tema polêmico, que esteja sendo veiculado pela imprensa ou vivido na escola e, depois, buscar nos eixos temáticos que esteja trabalhando essa mesma linha de raciocínio. Existem, certamente, inúmeros temas possíveis de serem polemizados em ciências e em matemática, em biologia e em história.

▪ Organização de um júri popular

Em torno de algumas idéias, é possível criar em sala de aula um júri popular, com promotores de acusação, advogados de defesa e um corpo de jurados para "atribuir a sentença". Na maior parte das vezes, o professor deve assumir o papel de juiz para garantir e estimular as argumentações de maneira imparcial e justa. Essa sessão de júri popular pode ser gravada e depois, em outra aula, analisadas eventuais dificuldades orais dos alunos, buscando orientá-los.

▪ Caça aos erros

O professor pode estimular uma caça aos erros em anúncios, avisos, recados ou mesmos nos textos elaborados pela escola. É possível selecioná-los no conteúdo da disciplina ensinada ou em alguns eixos temáticos importantes e solicitar aos alunos que busquem notícias sobre os mesmos, descobrindo imprecisões, generalizações ou práticas reducionistas muito freqüentes no trato de matérias dessa natureza. Todo aluno pode, devidamente orientado, transformar-se em um leitor crítico pronto para identificar imprecisões e trazê-las para discussão em sala de aula.

▪ Painel aberto sobre temas específicos

Atividades como o painel aberto, que sugere aos alunos organizados em duplas, trios ou grupos a exposição de idéias favoráveis e contrárias a um determinado tema, também caracterizam uma estratégia de estimulação verbal, sobretudo quando interrogativas e desafiadoras.

▪ Concursos para múltiplas explorações textuais

Não importa qual tema se trabalhe ou o nível de sua destinação, o mesmo pode sugerir desafios através da interpretação de textos, do desenvolvimento de analogias, de sua exploração por meio de trovas ou da criação de um concurso de manchetes contextualizadas.

▪ Inventação do texto didático em novo estilo

O professor seleciona um gênero ou um autor e apresenta uma síntese de sua obra para que os alunos identifiquem seu estilo. Este deverá ser explorado na transformação de um texto apresentado no material escolar usado pelo aluno. Como, por exemplo, Machado de Assis descreveria o sistema respiratório? Será que Cruz e Souza usaria as mesmas palavras para fazer tal descrição? E Jorge Amado?

▪ Atividades de transcrição

Os alunos, em duplas ou trios, podem ser solicitados a transcrever um texto escolhido pelo professor e apresentá-lo oralmente, observando o que está dizendo e como está dizendo. Ao transpor a linguagem oral para a escrita, o aluno pode ser estimulado a explorar diferentes habilidades operatórias. A tarefa de refazer um texto pode não ser extremamente interessante, mas é uma etapa expressiva da aprendizagem significativa.

▪ Fantasiando com a verdade

Um assunto de geografia, história, literatura ou ciências pode sugerir divagações e a criação de fantasias que contextualizem esses temas ao tema que se pretende demonstrar. Os personagens da história podem ser inventados pelos alunos, mas o cenário do enredo criado pode ser verdadeiro.

▪ O uso de poesias ou paródias

Os alunos podem ser estimulados a inventar poemas, trovas ou construir párodias sobre os fatos, hipóteses ou teorias que pesquisam.

▪ O uso criativo dos dicionários

Os dicionários podem ser utilizados não apenas para a consulta sobre algumas dúvidas específicas, mas também como interessante meio de levar os alunos a construírem novas sentenças – de geografia, história, ciências – ou mesmo para a explicação de uma operação numérica – preservando os conteúdos e utilizando novas palavras. Uma atividade interessante é estimular os alunos para fazerem pesquisas em grupo e elaborarem dicionários específicos da disciplina que estão aprendendo.

▪ Reportagens analógicas

Reportagens publicadas nos jornais ou destacadas em programas de rádio ou televisão podem estimular tentativas de analogia entre as mesmas e fatos curriculares que são abordados. Os alunos podem gravar um trecho de reportagem e reescrevê-lo, usando como cenários os temas, eventos ou fatos que estão trabalhando.

▪ Apresentações teatrais

Embora às vezes difícil, é muito importante que os alunos, ao menos uma ou duas vezes por ano, realizem apresentações teatrais contextualizando temas desenvolvidos em exposições verbais ou textos literários e científicos.

▪ Minijornais falados

Jornais falados de curta duração, porém freqüentes, ajudam a dar vida aos temas e a transpor para a linguagem oral aprendizagens escritas. Os alunos podem ser organizados em pequenos grupos e cada dia um desses grupos é escolhido para, em cinco minutos, apresentar o destaque do dia, naturalmente inserindo o conteúdo estudado no momento.

▪ *Slogans e jingles*

Textos, frases, sentenças, idéias, hipóteses e teorias podem transformar-se em um interessante e criativo concurso de *slogans* ou *jingles* que sintetizem a essência do que se estuda.

▪ Novas incursões pelo universo lingüístico

Uma importante prática que os professores podem resgatar é a de levarem os alunos a escrever cartas, enviar *e-mails* a seus colegas de classe, preparar manifestos, idealizar *folders* e ainda outras formas de comunicação. Esse material pode ser preparado por um grupo em um estilo e por outros grupos em estilos diferentes e deve estar centrado no tema que se trabalha no momento. Por exemplo: comentar o resultado do jogo de futebol de ontem à noite com um colega de classe, mas em sua comunicação devem aparecer as palavras "donatários", "capitania", "latifúndio" e assim por diante.

▪ Brincadeiras lingüísticas em sala de aula

Brincadeiras do tipo "uma palavra puxa a outra", ou em níveis mais avançados, e atividades do tipo *brainstorming* ajudam o pensamento e organizam a expressão verbal. Inúmeros temas oportunizam uma aula voltada para uma tempestade de idéias, na qual os alunos são convidados a produzir pensamentos verbais condizentes com o assunto em pauta, inicialmente reunidos na lousa ou transpostos para uma transparência. Essa estratégia é usada com mais freqüência para sugerir idéias para um novo projeto ou para novas iniciativas, mas pode perfeitamente ser utilizada para se buscar contextualizações sobre um tema trabalhado. Seus fundamentos são: (1) dizer tudo o que vier à cabeça e que seja relevante; (2) não criticar ou desprezar idéias aparentemente discordantes; (3) após a tempestade, selecionar as idéias mais relevantes, transformando-as em ação ou sugestões.

O professor como verdadeiro "artesão" do diálogo, estimulador da discussão, apresentador de problemas e desafios

Tão verdadeira é a afirmação de que nossos alunos não aprenderam a ouvir quanto a de que não sabem discutir, debater, negociar, argumentar, concluir. Essas habilidades não são inatas e, se não forem propiciadas em sala de aula, em quais outros lugares serão? Ao propor uma aula dialogada, um debate ou até mesmo momentos específicos de debate após o tema que se leu ou que se ouviu, é essencial que o professor ensine aos alunos alguns passos estruturais. O aluno precisa estar consciente do propósito do que se discute, das informações que sustentam e propiciam base a essas discussões, das conclusões essenciais para seu encerramento, da análise que essas conclusões devem promover. O professor deve rejeitar com veemência a opinião "vazia", o "achismo" descontextualizado, ingênuo e tolo de quem se expressa sem conteúdo ou opina sem fundamentação. Por outro lado, precisa definir critérios que envolvam toda classe na discussão, não permitindo que o debate centralize-se entre os mais falantes ou mais loquazes.

Porém, se a essas competências acrescentarmos outras, mostrando aos alunos que textos de qualquer disciplina também podem ser transformados em roteiros, *slogans*, canções, grafite, rótulos, manchetes, anúncios, poemas, cartas, diálogos, cartazes, entrevistas, fascículos, panfletos, ensaios, crônicas, metáforas, etc., certamente estaremos conferindo uma nova dimensão à disciplina ensinada e à expressão desses saberes na vida dos alunos.

O professor como estimulador de discussões em dupla e reflexões em minigrupos

Uma pequena dificuldade de aprendizagem que pode tornar-se um problema de expressiva dimensão é a timidez do aluno. A maior parte dos alunos no ensino fundamental é tímida e é inútil apenas conclamá-los a se libertarem dessas restrições. Com certeza, mais importante é ajudá-los, e uma forma eficiente para essa ajuda é estimular discussões em dupla ou em minigrupos. Se, ao expor um tema, o professor sugerir perguntas provocativas, propor desafios, trazer situações-problema, formando duplas para discuti-las, oferecendo um ou dois minutos de troca de opiniões para refletirem juntos, para compartilharem seus saberes e suas opiniões, não apenas estará ajudando o aluno a se libertar de sua timidez, como também estará estabelecendo âncoras para a aprendizagem significativa e a exploração da inteligência lingüística.

Exploração das escritas cooperativas

Um interessante e engraçado exercício lingüístico é viabilizado pelo emprego das escritas cooperativas, quando um tema cobra uma redação com diferentes participações seqüenciais.

Relatórios, diários de campo, agendas monitoradas e outros recursos

Relatórios de observações ou experiências, mesmo que objetivos, educam para o hábito da escrita e seu aprofundamento.

A inteligência lógico-matemática

A inteligência lógico-matemática manifesta-se pala capacidade e pela sensibilidade para discernir e transformar símbolos numéricos, bem como pela capacidade de trabalhar longas cadeias de raciocínios aritméticos, algébricos ou geométricos. Quando se projeta de maneira mais expressiva em uma pessoa, leva-a a desafios lógicos, domínios de conceitos matemáticos, gosto por atividades ou jogos de gamão, xadrez ou tangrans e habilidade parta trabalhar idéias que envolvem o espaço ou os raciocínios numéricos. Presente com inusitada vitalidade em Einstein, Bertrand Russel, Euclides, Pitágoras e outros é a inteligência dos engenheiros e projetistas. Os estímulos para seu desenvolvimento estruturam na pessoa novas formas sobre o pensar e uma percepção apurada dos elementos referentes à grandeza, peso, distância, tempo e demais elementos que envolvem a ação da pessoa sobre o ambiente. As áreas cerebrais básicas de sua ação alcançam o lobo parietal esquerdo, mas para algumas outras funções matemáticas, pontos no hemisfério direito. A seguir, oferecemos algumas sugestões para exploração e utilização de habilidades lógico-matemática específicas em qualquer tema ou conteúdo, em qualquer disciplina curricular, desde que adaptadas à estrutura vocabular e, naturalmente, à faixa etária do estudante. Deixamos de incluir várias atividades interessantíssimas e recomendáveis para a educação infantil, por já sabê-las publicadas em nossa língua. Não somente para esta, mas também para as demais inteligências constitui leitura ao nosso ver obrigatória, para quem se dedica à educação infantil, os três volumes que compõem a *Coleção Projeto Spectrum: A teoria das inteligências múltiplas na educação infantil*, organizada por Howard Gardner, David Henry Feldman e Mara Krechevsky e publicada pela Artmed Editora.

Um referencial extremamente importante na exploração da inteligência lógico-matemática em sala de aula, de qualquer disciplina, é o conhecimento que o professor possui sobre a história de vida de seus alunos e a bagagem de saberes com que chegam à escola. Esse histórico representa o elo que deve unir os ensinamentos que fará; se o aluno é filho de comerciantes, provavelmente suas informações sobre custos, preços, valores, juros, inflação, etc., serão maiores que as do aluno filho de agricultores que, por sua vez, provavelmente saberá mais sobre a extensão de propriedades, o cálculo sobre áreas de plantio e o domínio de formas geométricas. De qualquer modo, o professor deverá sempre se esforçar para sugerir atividades e exercícios que envolvam os conhecimentos já existentes.

▪ Decifração de símbolos abstratos

Uma forma interessante de se explorar essa habilidade é fazer da matemática a segunda língua do estudante, independentemente da disciplina que se ministra. Qualquer sentença de qualquer disciplina pode tornar-se extremamente significativa se passada aos alunos através de um código cuja solução mostre princípios lógicos. A simplicidade de se substituir vogais por números ou determinada letra do alfabeto por um sinal que componha uma estrutura já estimulará o aluno à sua decifração e também poderá envolver a compreensão explícita do tema – de história ou geografia, língua portuguesa ou ciências, entre outros conteúdos – que se busca trabalhar.

▪ Problemas relacionados aos temas e conteúdos

Um dos mais eficientes exercícios de aprendizagem significativa é a transformação de um texto, evento ou mensagem em problemas que desafiam o sentido lógico para sua solução. Existe uma sensível diferença entre a interrogação que o aluno não pode responder se lhe faltarem saberes específicos e a interrogação que abriga o sentido da resposta, desde que seja a encontrada pela reflexão. Nesse último caso, a aula torna-se mais interessante e mais dinâmica e o professor deixa de ser o portador da informação para se transformar em um "fornecedor" de pistas, um agente de desafios que leva à compreensão significativa.

▪ Quebra-cabeças, tangrans, jogos do ônibus

O professor pode falar ao aluno de Esparta ou do sertão nordestino, pode mencionar questões relativas ao pâncreas e ao fígado, mas também pode propor jogos em que o aluno, em um tabuleiro muitas vezes desenhado na lousa, percorra as ruas de Esparta, atravesse áreas do Agreste para descobrir o sertão, ou consiga decifrar o corpo humano com perguntas-desafios moldadas em dados ou com cujas respostas avance ou recue no tabuleiro armado.

▪ Fórmulas que exploram a linguagem matemática

A fórmula é sempre um desafio intrigante, mas para chegar a um resultado por meio dela não são necessários apenas "ingredientes" numéricos. As baixas latitudes, por exemplo, estão para as áreas florestas latifoliadas, assim como as altas latitudes estão para as tundras. Referências similares a essas são perfeitamente possíveis em figuras de linguagem, estruturas gramaticais, história ou biologia, química ou informática. Se ao professor resta pouco tempo para desafios dessa natureza, é possível propô-los aos alunos para que, reunidos em grupo, possam inventá-los criando problemas que, supervisionados por ele, devem ser respondidos por outros grupos.

▪ Médias que funcionam como ferramentas da compreensão de conteúdos diversos

O aluno usa o conceito de "média" na aferição de seus resultados escolares ou no emprego matemático específico, mas esse domínio conceitual também pode ser um excelente pretexto para pesquisas específicas de outras disciplinas. Assim como as médias, a comparação de grandezas e o estabelecimento de proporções podem ser explorados em classe para se aprofundar pesquisas sobre os mais diferentes temas escolares.

▪ Utilização das linhas de tempo

As linhas ou frisas de tempo são amplamente utilizadas em história e, se bem concretizadas, permitem ao aluno o domínio de "sua" posição temporal em relação ao que estuda. Guardadas as devidas proporções, representa o mesmo efeito simbólico que sugere, nos painéis de localização dos *shoppings*, a referência "você está aqui". Exercícios dessa natureza também podem ser desenvolvidos em outros temas, e as frisas ou linhas não necessitam ser apenas do tempo: podem ser perfeitamente do "espaço" que se pesquisa, das referências que se busca.

Exploração do pensamento dedutivo

O aluno não chega rapidamente à dedução sozinho. É essencial que compreenda essa habilidade e, caso seja o professor um aficcionado por literatura policial, sobretudo do inesquecível Sherlock Holmes, não será difícil explicar como a conexão de "pistas" pode facilitar o emprego da dedução. Compreendida tal habilidade, parece ser tarefa não muito complicada fazê-la voltar-se aos temas estudados, aos desafios conteudísticos propostos. Quando o professor inicia uma explicação, é sempre interessante interrompê-la e propor diferentes probabilidades para que os alunos, em dupla ou em trio, possam exercitá-las antes de sua conclusão.

Estratégia dos cochichos

O *cochicho* é um jogo operatório que, se bem-estruturado nas questões que propõe, pode representar um estimulante desafio para a apresentação e a discussão de conteúdos analisados, através do emprego de habilidades interrogativas diferentes que exploram não só a dedução, mas também a síntese, a análise, as eventuais contextualizações e uma série de outros desafios lógicos.

Elaboração de mapas conceituais

O mapa conceitual consiste em uma representação proposta por Novak, em que as idéias centrais – ou a palavra central – de um tema aparecem em destaque, centralizando a "âncora da aprendizagem significativa". E essas idéias ligam-se a outras em diagramas, relacionando novos conhecimentos com conhecimentos já adquiridos. Por sua característica geométrica e pelos raciocínios em cadeia que sugere, o mapa conceitual ajuda o aluno a aprender e explorar uma linguagem cuja análise e síntese podem interagir de forma extremamente significativa.

O uso de algum material concreto

Raciocinar grandezas utilizando-se algum material concreto facilita consideravelmente a aprendizagem e a exploração das diferentes "ferramentas" matemáticas, incluindo as quatro operações. Botões, moedas, barras coloridas, cartões recortados em cartolina, caixas de fósforos, canudos de refrigerantes, palitos, tampinhas de garrafas, embalagens, potes

---

AUTORES E OBRAS

NOVAK E OS MAPAS CONCEITUAIS

J. D. Novak é um educador norte-americano que defende o uso em sala de aula dos chamados *mapas conceituais*. Segundo ele, a aprendizagem significativa pode ser facilitada por meio dessa estratégia instrucional, a qual se apóia em diagramas hierárquicos bidimensionais que devem ser executados pelo professor à medida que explica a matéria. Ao iniciar um tema geral, sugere que centralize na lousa o conceito estrutural desse tema e que progressivamente vá anexando outros, mostrando e assinalando através de setas suas múltiplas relações. Agindo dessa maneira, o professor está respeitando os saberes conhecidos pelos alunos e revelando a hierarquia entre conceitos centrais, específicos e os subordinados. Traçando o mapa conceitual por meio de exemplos, o professor pode voltar a novos significados e, assim, estimular a aprendizagem significativa. Caso ele pretendesse construir idéias significativas sobre o Renascimento, esse conceito deveria ocupar o centro do diagrama e dele emergiriam outros que destacassem sua localização espacial e temporal, suas causas e "conseqüências" e, a partir destas, os inúmeros conceitos subordinados a ele.

LEITURAS SUGERIDAS

ONTORIA. A.; MOLINA, A.; GÓMEZ. J. P. R. *Potenciar la capacidad de aprender y pensar*. Madrid: Narcea, 2000.
MOREIRA, M. A. *Aprendizagem significativa*. Brasília: UnB, 1999. (Coleção Publicações Acadêmicas do CESPE.)
SANDHOLTZ; RINGSTAFF; DWYER. *Ensinando com tecnologia: criando salas de aula centradas nos alunos*. Porto Alegre: Artmed, 1997
ANTUNES, C. *A sala de aula de geografia e história*. Campinas: Papirus, 2001.

vazios de iogurte, clipes, bandejas de ovos, tampas, frascos plásticos e uma série infindável de materiais podem ser usados para a explicação de médias, proporções, grandezas ou ainda para a formação de interessantes gráficos pictóricos. Esses mesmos materiais permitem ao professor a produção de jogos atraentes, os quais podem estimular o raciocínio e a capacidade de dedução de alunos.

▪ O uso das novas tecnologias

Não faz sentido proibir aos alunos o uso de calculadoras. Bem mais interessante e pragmático, uma vez que vieram para ficar, é usá-las como instrumento de investigação e aferição de resultados. Se os alunos ainda não dominam, por exemplo, operações de porcentagem e raiz quadrada, mostre seu uso em uma calculadora simples e, posteriormente, transfira os modelos desses raciocínios para o tema que está sendo pesquisado. Da mesma forma, os computadores também apresentam inúmeros recursos que, se bem-utilizados, facilitam sobremaneira a exploração da linguagem matemática e do raciocínio lógico do aluno em qualquer disciplina. O essencial, porém, é que o uso dessas tecnologias seja sempre precedido de um estudo e experimento por parte do professor.

▪ Pesquisa sobre medidas ou grandezas

Não faz parte da formação do professor de uma disciplina específica, exceto a matemática, explorar um "olhar divergente" sobre os saberes com os quais trabalha, atribuindo-lhes uma interpretação matemática. No entanto, com vontade de buscar "esse outro olhar", não será difícil perceber em temas específicos de ciências, literatura, geografia, história ou língua estrangeira a ampla referência a medidas ou grandezas, muitas delas passíveis de serem transformadas em gráficos, que podem estimular no aluno diferentes formas de compreensão dos conteúdos.

▪ Esportes, matemática e conteúdos escolares

Futebol, handebol, diferentes modalidades de atletismo e basquete são atividades que a maior parte dos alunos conhece e que podem ser exploradas como "ganchos" para o ensino de conteúdos escolares, explorando dados estatísticos de determinada modalidade esportiva e aplicando-os ao eixo temático a ser desenvolvido. Um professor ou uma professora de

PARA REFLETIR

LASHLEY E UM TAL DEZ POR CENTO

Com muita freqüência, quando falamos de memória, atenção, aprendizagem, consciência ou inteligências, mencionamos a mente humana e o que sabemos sobre seu funcionamento. Assim, uma pergunta parece sempre se insinuar: é verdade que usamos apenas 10% de nosso cérebro?

Essa pergunta, ainda que desgastada pela rotina da insistente repetição, deixa-nos felizes. Afinal de contas, foi apresentada como dúvida e oferece a perspectiva da resposta. O que não é muito bom é o fato de os 10% não virem como dúvida, mas como afirmação, certeza irresoluta, conhecimento definitivo. E, assim, sempre ouvimos: considerando que o cérebro humano usa apenas 10% de sua capacidade, quantas novas inteligências aparecerão quando seu uso for total? Ou ainda: como é incontestável que usamos apenas 10% de nossa mente, como se processará a aprendizagem quando dobrarmos esse potencial?

Essas perguntas acabam ficando sempre sem respostas, sobretudo porque não usamos apenas 10% da mente. Essa porcentagem é uma tolice e não existem estatísticas definitivas, balanças de precisão ou fita métrica mágica que admitam um outro percentual qualquer. Usamos mais ou menos a mente de acordo com a natureza das relações que estabelecemos com as pessoas e as coisas, conforme nossas ações e os desafios impostos pela evolução, pela sobrevivência e por múltiplas interações, mas jamais podemos acreditar que, usando apenas uma parte, deixamos uma certa "reserva" à espera de milagres futuros.

Esse mito dos 10% que se inculcou em nossa cultura, transformando-se em dúvida cruel ou certeza definitiva, nada mais é que uma interpretação infeliz feita por um cientista britânico de nome Karl Lashley, há cerca de 50 anos atrás.

Lashley treinou ratos famintos para correrem por um labirinto montado em seu laboratório, em troca de uma recompensa sob a forma de um alimento desejado. Depois, operou reiteradas vezes os pobres bichinhos, removendo partes cada vez maiores de seu córtex, pretendendo, assim, determinar o momento em que os ratos não mais podiam "lembrar" a saída. Para sua surpresa, percebeu que mesmo depois de remover cerca de 90% do córtex cerebral, os ratinhos encontravam a saída e a comida. Sabendo que existe uma similaridade entre o cérebro do homem e de ratos, o cientista concluiu, equivocadamente, que era necessário apenas 10% do cérebro para a memória funcionar. Suas pesquisas foram divulgadas no mundo inteiro e de seu erro nasceu a categórica afirmação de que usamos apenas essa parte do cérebro.

O que Lashley não percebeu, ou talvez não soubesse é que a mente não possui apenas uma memória e que existem muitas representações diferentes para ela abrigadas em partes diferentes do cérebro. Nossa mente tem o cuidado de gravar também em "disquetes" o que se registrou no *hardware*. Os ratinhos de Lashley, como qualquer ser humano, mesmo com uma parte do cérebro destruído, podiam, por exemplo, perder a memória da visão e da audição, mas guardavam suas memórias olfativas, auditivas e táteis para encontrar a comida. A mente de ratos e de homens é diversificada e, em uma ação relativamente simples, aciona a fantástica coleção de neurônios, explodindo incontáveis sinapses, acordando inúmeras sensações, estimulando múltiplas inteligências. O essencial, é claro, não é saber quanto usamos da mente, mas principalmente como a usamos.

educação física que busque com colegas de outras disciplinas o que no momento se ensina pode trazer para a quadra muitas dessas informações e, gradativamente, associá-las às atividades esportivas colocadas em prática.

▪ O uso de gráficos

Muitas vezes, para surpresa e encanto dos alunos, a demonstração concreta de elementos percentuais pode ser ilustrado com uma pizza de cartolina ou ainda com barras de papelão. A própria composição de alunos da escola, meninos e meninas, altos e baixos, entre outros aspectos diferenciados, podem ser elementos de referência importantes para explorar estudos de populações, humanas ou não, comparação entre ambientes e/ou eventos distintos, representações de espaços ou formas, ou para desenvolver diferentes habilidades como descrever, interpretar, identificar, representar, reconhecer semelhanças e diferenças, etc. Também é interessante propor a transformação de *textos em gráficos* e o caminho reverso de gráficos explicados através de textos, bem como a transposição de um gráfico para outro.

▪ Poemas geométricos

Para visualizar o que seria um "poema geométrico", imagine alguns alunos reunidos em grupo para explicar o ciclo da água, criando um texto com alguma rima, mas também com o uso das palavras que ocupem um lugar no espaço correspondente à sua ação na natureza. Observe o exemplo, transferível para inúmeros outros temas:

> Colocar em rima, selecionar a seqüência das informações e dispor através de uma forma geométrica as seguintes mensagens:
>
> - O VAPOR D'ÁGUA SOBE PARA A ATMOSFERA
> - O CALOR DO SOL AQUECE E EVAPORA AS ÁGUAS SUPERFICIAIS
> - O RESFRIAMENTO DO VAPOR OCASIONA O FENÔMENO DA CONDENSAÇÃO
> - AO ALCANÇAR NÍVEIS MAIS ELEVADOS, OCORRE O RESFRIAMENTO
> - A CONDENSAÇÃO PODE FORMAR NUVENS
> - O VAPOR D'ÁGUA PODE AGLUTINAR-SE EM RESÍDUOS ATMOSFÉRICOS E FORMAR GOTAS
> - A CHUVA ACUMULA ÁGUAS SUPERFICIAIS

- **Padrões de simetria e de formas geométricas**

Ao estudar um momento do Iluminismo ou da conquista do oeste dos Estados Unidos, ao examinar a estrutura de um poema parnasiano, ao descrever a anatomia de um vegetal ou ainda em muitos outros temas de física ou geografia, de biologia ou química, é sempre interessante que o professor sugira a busca dos padrões de simetria e as formas geométricas presentes em determinado conteúdo. É evidente que, exercitando essa forma de olhar ocasionalmente, o aluno a aprenderá como simples "curiosidade" e rapidamente poderá esquecer; porém, se o professor transforma essa atividade em prática constante, os resultados vão tornando-se cada vez mais significativos e a inteligência lógico-matemática é cada vez mais exercitada.

A INTELIGÊNCIA VISUOESPACIAL

A inteligência espacial ou visuoespacial está associada à criatividade e à concepção, no plano espacial, de sólidos geométricos. Relacionada à capacidade de perceber o espaço do próprio corpo com o espaço do ambiente que nos envolve, permite-nos administrar distâncias e pontos de referência. Também pode ser explorada através da capacidade de se identificar a forma de sólidos vistos por outro ângulo, de perceber com precisão o mundo visual, de imaginar sólidos geométricos no espaço, eventualmente transformando-os, de perceber movimento ou deslocamentos entre partes de uma configuração, de se orientar no deslocamento pelo espaço e criar ou recriar aspectos da experiência visual.

Profissionalmente, revela-se na arquitetura e em algumas formas específicas de engenharia, bem como em pessoas com grande facilidade de imaginar e construir mentalmente localizações espaciais, como motoristas de praça, marinheiros e outros. Marcante em arquitetos, publicitários e inventores, associa-se também a própria compreensão do espaço como um todo e à orientação da pessoa em seus limites espaciais. Oscar Niemayer, Frida Kahlo e muitos outros são exemplos da manifestação autêntica dessa forma de inteligência. O estímulo a esse sistema neuronal desperta o indivíduo para a compreensão mais ampla do espaço físico e temporal onde vive, transforma e convive e sensibiliza para a identificação de suas referências de beleza e de fantasias. As áreas cerebrais básicas de sua ação alcançam regiões posteriores do hemisfério direito.

A exploração dessa inteligência em sala de aula, em qualquer disciplina e para alunos de todos os níveis de escolaridade, requer do professor a criação de novos hábitos e o desenvolvimento de uma maneira "diferente" de perceber sua disciplina.

Os conteúdos que ensinamos, na maior parte das vezes, podem ser contados de muitas formas diferentes, com várias versões. Desde o tema da discussão no pátio entre dois alunos até as forças que geraram a Guerra do Golfo, sempre existe a possibilidade da exploração do *fato* e de suas *muitas versões* e essas referências podem servir de estímulo a um trabalho visuoespacial quando se agregam diversas fontes e diferentes linguagens, para compor o fato que se busca ensinar. Além disso, os fatos e as suas versões não constituem elemento estático, pois transformam-se do dia para a noite, assim como os ambientes e as circunstâncias que envolveram esses fatos. Uma aula que saiba explorar esses componentes – os fatos, as versões e as transformações – enriquece bastante a expansão da inteligência visuoespacial. A seguir, relacionamos alguns exemplos de atividades visando a esses hábitos:

▪ Diversas linguagens

Uma interessante iniciação à capacidade visuoespacial dos alunos consiste em fazer com que descubram, em toda a sua intensidade e diversidade, a existência de linguagens novas, transpondo textos para a linguagem musical, cênica, cartográfica, pictórica, entre outras, assim como transpondo desenhos, imagens, pinturas, poesias e letras musicais para textos.

Inicialmente, essa atividade pode ser experimentada por alunos reunidos em grupos. Depois, os trabalhos de transposição de linguagens devem ser analisados pelo professor perante a classe inteira, destacando algum aspecto mais significativo alcançado. A partir dessas experiências coletivas, pode-se chegar a atividades individuais ou até mesmo alternar linguagens diferentes sobre um mesmo tema para diferentes grupos.

▪ Desenhos arquitetônicos com palavras, fontes ou formas diferentes

A tendência inicial de um trabalho dessa natureza é que os alunos escolham qualquer cor, qualquer fonte, qualquer "arquitetura" na apresentação de suas idéias. Sem experiência prévia, suas escolhas serão certamente norteadas pela criatividade, pela desvinculação entre o conteúdo que se busca expressar e a forma utilizada. O trabalho do professor será exatamente de mudar essa busca pela originalidade, de *ensinar a ver* e a perseguir a logicidade. Ao comparar trabalhos, destacará não "os mais bonitos", e sim os que mais corretamente buscaram através da forma a compreensão integral do tema. Aos poucos, os alunos aprenderão que não devem usar referências de "qualquer cor", uma vez que as cores possuem significados, nem de "qualquer tipo de fonte", pois existem em cada uma delas uma origem que necessita ser procurada e, eventualmente, associada ao tema.

▪ Recriação de um texto em novos tamanhos e novas formas
Constitui uma verdadeira tradição nas tarefas propostas aos alunos a criação de uma ilustração ou de um texto de maneira mais ou menos similar à forma como esse texto ou essa ilustração é representado em um livro; uma alternativa diferente é solicitar a recriação por parte dos alunos com novos tamanhos e novas formas e, dessa maneira, a caricatura, a trova, a frisa do tempo, as palavras imaginárias em bocas de estátuas, desenhos figurativos e as cartas enigmáticas podem representar opções de linguagens novas e diferentes.

▪ Sobreposição de imagens
Nem sempre o estudo do passado precisa começar em seu tempo; ao contrário, é sempre interessante a experiência da "engenharia reversa" e do agora chegar-se ao ontem, do próximo chegar-se ao distante, ou vice-versa, e para essa espacialização em outras esferas é importante a ajuda de gravuras, fotos, desenhos e ilustrações diversas. Através desses recursos, o professor pode explorar habilidades diferentes, como a observação, a descrição, o registro de fatos e suas mudanças, a comparação, a análise e a síntese.

▪ Gravações, fotografias digitalizadas, filmagens e colagens
Após a apresentação de um fato, de uma tese, de uma hipótese ou de um tema, experimente solicitar aos alunos que opinem de que forma seria possível ilustrar esse conteúdo com auxílio de uma filmadora ou de uma máquina fotográfica, ou ainda de um gravador. Repare que as idéias começam a surgir e muitas delas podem ser colocadas em prática; de classe em classe, o professor vai colhendo verdadeiro "arquivo" de múltiplas sugestões de ilustrações visuoespaciais.

A cartografia

Não existe qualquer razão para que o aluno seja "escravizado" à comunicação apenas de símbolos gráficos usuais. Uma nova linguagem simbólica pode ser proposta, tornando possível construir um verdadeiro dicionário específico de determinada disciplina. Imagine textos sendo descritos com palavras, mas em meio a elas interpondo-se um som ou um sinal para uma descrição mais ampla, para um detalhe mais específico. Um tema pode ser sintetizado através da apresentação de um coral ou proposto como desafio através de uma carta enigmática. Essas iniciativas não buscam desenvolver apenas a criatividade, mas também a aprendizagem significativa, pois nossa memória procura no exótico, no incomum ou no inusitado elementos mais sólidos de retenção e de fixação.

Escalas gráficas e numéricas

Quase toda fotografia ou paisagem desenhada é uma representação em escala que necessita ser descoberta e explorada. O professor de geografia, com muita freqüência, faz uso de escalas gráficas ou numéricas, mas as mesmas não precisam ficar restritas apenas a essa disciplina. Ao ensinarmos um conteúdo, usamos uma escala espacial ou temporal, mas raramente nos damos conta disso. É importante que nos acostumemos a observá-las e, pouco a pouco, a fazer com que os nossos alunos também as descubram.

Simulações do tipo "caça ao tesouro"

Divida seus alunos em grupos e entregue a cada um deles a fração de um mapa ou a parte de uma pista que representará o tesouro a ser caçado. Cada equipe "esconde" seu tesouro em uma área delimitada pelo professor e passa às demais equipes, sob a forma de mapa, texto ou desenho, as indicações. Quando o tesouro vier a ser descoberto, uma reunião entre professor e alunos possibilita contextualizar esse conteúdo.

Mensagens cifradas

Todas as disciplinas guardam mensagens essenciais, frases significativas, conceitos dominantes que podem ser transmitidos aos alunos sob a forma de mensagens cifradas. A sua decifração pode ser uma interessante atividade coletiva que integra a classe e facilita a aprendizagem, na medida em que estimula a memória de longa duração. Uma outra alternativa é organizar com o tema que se está trabalhando uma série de perguntas e uma série de respostas e distribuí-las aos alunos. Estes devem colocar em ordem hierárquica as perguntas e as respostas, explorando mais profundamente o tema e compreendendo de forma mais explícita e significativa os inúmeros conceitos que esse tema envolve.

▪ Vídeos e filmagens

Desde que usada com alguns cuidados, uma fita de vídeo pode representar interessante incursão ao aprofundamento do tema trabalhado. Os vídeos são recursos altamente motivadores, desde que o seu uso seja precedido de alguns cuidados. Por exemplo:

1. Nunca improvise ou apresente a fita sem um exame prévio.
2. Use a fita didaticamente, parando em determinadas cenas, retrocedendo outras e usando suas imagens como complemento de temas já desenvolvidos.
3. Prepare antecipadamente uma série de questões intrigantes, desafios tentadores, enigmas sugestivos que a observação atenta da fita permitirá responder. Proponha também uma série de questões conclusivas para serem respondidas após a apresentação, envolvendo o aluno na conduta de um verdadeiro pesquisador.
4. Promova um debate com a finalidade de que se estabeleçam relações entre os conteúdos, "pontes" entre o que se viu e elementos já sabidos pelos alunos ou entre o que aprenderam e sua vida pessoal.

▪ Mapas conceituais

Sugeridos para explicações que estimulem o uso da inteligência lógico-matemática, os mapas conceituais também podem ser utilizados para a estimulação da inteligência visuoespacial, visando à exposição e à síntese de conteúdos, os quais precisam ser criados alternando-se suas cores e até mesmo suas formas.

Melhor que utilizar os mapas conceituais para as duas estimulações em momentos diferenciados, seu uso será em uma única vez, explorando os recursos da linguagem geométrica e espacial.

▪ Organização de gincanas

Nas gincanas, os alunos divididos em grupos são desafiados a estabelecer associações entre o tema estudado e pinturas, desenhos, gráficos e, em determinadas circunstâncias, até mesmo esculturas.

▪ Mensagens significativas

Experimente pensar em um anúncio comercial para "pasta dental" sem que se possa usar as palavras "dentes, claros, alvos, brancos, dentifrício, pasta dental" ou outras desse campo semântico. O resultado é possível, mas certamente exigirá um aprofundamento temático bem maior. Faça o mesmo com seus alunos com temas da disciplina que estiver trabalhando. Solicite às duplas que construam mensagens verdadeiras e significativas, mas proíba o uso de alguns termos explícitos. A atividade exigirá criatividade dos alunos, bem como seu aprofundamento e um estudo mais amplo do tema.

▪ Transformação de pensamentos divergentes em convergentes

Todo aluno, ao aprender significativamente um texto ou uma informação do professor, deve ser exercitado no sentido de "pensar" sobre esses saberes através de outras formas de pensamento. Exercícios dessa natureza, após serem devidamente explicados e exemplificados, podem aparecer em provas operatórias, em lições sugestivas e em múltiplos desafios propostos pelo professor.

▪ A construção de carimbos

Carimbos feitos de borracha, cortiça ou uma lâmina afiada representam valioso estímulo visuoespacial. Eles podem retratar temas debatidos em aula, signos expressivos, mensagens ou outras informações e devem ajudar a compor textos ou painéis, ilustrando-se a idéia que se busca explorar.

▪ O uso de painéis ou murais

Em inúmeras escolas brasileiras, existem painéis ou murais de flanela, papelão ou cortiça nas salas de aula e, muitas vezes, são mantidos intactos o ano inteiro ou utilizados acidentalmente por algum professor, com a única finalidade de "exibir" uma pesquisa desenvolvida. Com freqüência, seus conteúdos "envelhecem" e o desgaste da rotina faz com que os alunos se esqueçam de observá-los. Esses painéis, se usados com critério, mudados com alguma periodicidade, explorados por diferentes disciplinas, usados por equipes de alunos que se revezam para essa função, capazes de abrigar informações importantes que serão cobradas em diferentes formas de avaliação, constituem um insubstituível apoio ao aprofundamento visuoespacial e uma expressiva ferramenta de aprendizagem.

■ O uso de histórias em quadrinhos

Histórias em quadrinhos, tiras de pequenas histórias que aparecem nos jornais, charges ou caricaturas são, na maior parte das vezes, publicadas com a finalidade recreativa ou crítica, mas o professor pode fazer desses instrumentos um interessante recurso pedagógico ao esvaziar o balão com que os personagens habitualmente comunicam suas idéias e solicitar que os mesmos sejam preenchidos pelos alunos, com outras idéias, inseridas no contexto do tema que se trabalha. Em muitas escolas, personagens como Mafalda, Recruta Zero, Snoopy e outros são meios para explicar conceitos matemáticos, históricos, geográficos, etc.

■ Produção de *slides*

É mais ou menos comum solicitar aos alunos que preparem um texto criativo sobre o tema trabalhado, mas uma nova alternativa pode levá-los a prepararem *slides*, transparências, cartazes e outras formas de informação. Estas, evidentemente, não precisam ser apenas uma repetição de fatos sabidos, e sim sugerir idéias novas, desafios intrigantes.

■ Maquetes, modelagens e cenários

Muitas vezes, os alunos são solicitados a construir maquetes ou modelos mecânicos de temas explorados em aula, porém tal solicitação é bem mais explorada nos primeiros ciclos do ensino fundamental ou em uma apresentação de recursos em uma feira de ciências. Essas atividades podem ser incorporadas ao projeto pedagógico da disciplina e os alunos organizarem-se antecipadamente para a fabricação de modelos climáticos, ambientes geológicos, animais ou plantas, nichos ecológicos, cenários históricos, sólidos geométricos, peças que reproduzam partes do corpo humano, dominós e jogos matemáticos e muitos outros "produtos" que explorem a habilidade manual, mas que a mesma seja determinada pela pesquisa, devidamente orientada pelo professor, o qual conduz a idealização, a discussão e, finalmente, o preparo do recurso. Este deverá ser acompanhado de legendas explicativas detalhadas e explícitas, sendo essencial que o trabalho produzido por um grupo de alunos não fique restrito apenas a ele, mas que possa ser compartilhado por toda a classe com uma plena compreensão de todas as etapas que envolveram a construção do modelo.

A INTELIGÊNCIA MUSICAL

A inteligência musical revela-se como a capacidade para combinar e compor sons não-verbais, para identificar sua unidade específica e para encadeá-los em uma seqüência lógica e rítmica, bem como estruturá-los em harmonia e compor melodias.

É a inteligência do compositor, do maestro e também dos que percebem, com sutileza e sensibilidade, a "linguagem sonora" que envolve um ambiente ou lugar. Marcante em pessoas como Mozart, Beethoven, List e outros gênios musicais, está presente também em pessoas comuns que percebem o som através da singularidade específica de suas muitas nuanças e linguagens. Destaca-se pela capacidade de se produzir e apreciar ritmos, tons, timbres e identificar diferentes formas de expressividade na música ou nos sons em geral. As áreas cerebrais básicas de sua ação alcançam o lobo temporal direito.

Pensamos ser um imenso desperdício em nossa escolaridade a tentativa da "separação" do ensino da música do de outras disciplinas. É importante que o professor descubra e mostre aos seus alunos que os temas trabalhados são ricos de específica sonoridade e que sua compreensão é bem mais completa quando associamos um fato e uma circunstância a um som que os emoldura. Parece ser uma das inteligências humanas que mais precocemente se desenvolve, podendo ser percebida, isoladamente, em alguns casos particulares de disfunções cerebrais, quando limitações em outras áreas não impedem a sensibilidade para a composição musical. Apresentamos algumas sugestões para sua utilização em todas as disciplinas e em diferentes faixas etárias.

▪ Transformação de textos ou idéias em paródias

Alunos de diferentes séries conhecem muito sobre música, e temas sonoros envolvem grande parte dos assuntos que discutem. Esses conhecimentos podem ser explorados pelo professor ao sugerir que transformem em paródias os temas de sua disciplina, substituindo a letra original por outra contextualizada ao assunto. A classe pode ser dividida em grupos; cada um pode escolher um tema diferente e um ritmo específico, estudar esse tema em profundidade e apresentá-lo sob a forma de paródia, escrita ou musicada em fitas cassetes. Toda paródia implica a "criatividade de uma adaptação", circunstância que não impede a proposta da criação de músicas relacionadas ao tema que se desenvolve no momento.

Entretanto, a organização de uma paródia precisa fundamentar-se em alguns princípios. Por exemplo:

- É essencial que fique claro qual conteúdo curricular ou tema busca-se transmitir. É essencial que a paródia ensine fatos, temas, hipóteses ou eventos.
- As letras selecionadas devem identificar não apenas a ação, como também o cenário que se pretende ilustrar.
- Em algumas circunstâncias, as letras podem propor problemas, indagar desafios ou mesmo sugerir soluções pertinentes ao tema trabalhado em classe.
- Deve existir cuidado com a rima e também com a métrica propostas. Os alunos autores não vão apenas substituir a letra original pelo conteúdo temático selecionado, mas refletirão sobre o número aproximado de palavras de cada verso para que se preserve a relação entre o som e as palavras utilizadas.

▪ Fundo musical

Se os nossos alunos forem convidados a observar atentamente um filme no cinema ou na televisão, talvez gravando trechos do mesmo, facilmente perceberão que um "fundo musical" acompanha as cenas e mostra ligações estruturais ao tema trabalhado. Esse exemplo pode servir para que o professor apresente sugestões para que os temas trabalhados em sala de aula sejam musicados e o ritmo dessa seleção musical mostre, assim como nos filmes, uma estreita relação entre o tema e sua moldura sonora.

▪ Loto música

Grave trechos de um texto com sua própria voz, peça a uma outra pessoa para gravar outro trecho, volte a gravar com sua voz, depois de outro; grave um som que faça referência a um conteúdo, extraia da TV ruídos específicos para a ilustração de uma cena, depois de uma outra. Grave uma fita com falas, sons, ruídos específicos, informações diversas e depois construa cartelas, como as de um loto ou bingo, em que cada quadrícula exista uma referência que permita ao aluno associar ao texto gravado. Reúna os alunos em grupo e dê a cada um uma cartela e grãos de milho ou feijão para marcar os pontos. Em aula, ligue o gravador e pare em cada trecho específico gravado. Você está motivando a classe, envolvendo os alunos, ensinando-os a ouvir e efetivamente premiando com mais acertos os que estudaram mais e apreenderam melhor.

A música como referência cultural

Pesquisar sobre o Renascimento, buscar elementos para caracterizar o Pantanal, encontrar as múltiplas relações presentes em um nicho ecológico e gravar sons ambientais diversos pode ser uma interessante forma de pesquisa. As músicas que emolduravam o Renascimento, por exemplo, não são as mesmas que caracterizaram outros momentos da história, assim como a apresentação do Pantanal não pode ser ambientada em sons que descreveriam a Caatinga. Alguns alunos, principalmente os de mais acentuada inteligência musical, podem ser convidados a organizar apresentações com "fundo" sonoro para relatos de temas, trechos e passagens literárias ou ainda outras explorações de conteúdos da geografia, história, ciências ou mesmo física, química, biologia e literatura.

Concurso de trovas e de textos em *rappers*

Esta atividade parece ser extremamente rica como experimento isolado de um professor, neste ou naquele momento específico de seu trabalho, mas essa mesma atividade ganha dimensão bem mais ampla e significativa quando envolver diferentes disciplinas e alunos organizados em grupos de classes e idades diferentes. Conteúdos multidisciplinares ou temas dos PCNs prestam-se admiravelmente para atividades dessa natureza.

Sons transformados em pesquisa

Muitas vezes, um professor pode estimular o interesse dos alunos ao lançar uma questão intrigante, um pergunta cuja resposta fuja aos padrões das pesquisas mais usuais. Se, ao sugerir esse desafio, prometer um prêmio ao primeiro – ou à primeira dupla ou trio – que apresentar a resposta, certamente estimulará uma desafiadora corrida a leituras, entrevistas, navegações pela internet e outros meios. Porém, essa questão não precisa ser necessariamente de natureza verbal; pode ser um trecho de uma música clássica e mais algumas pistas que levem o aluno a buscar o momento de sua composição e o meio cultural que o caracterizou.

▪ Qual é a música?

Se os sons forem associados a conteúdos diversos, se o aluno for progressivamente levado a estabelecer essas relações, da mesma maneira como organizará um volume de saberes, poderá organizar também igual volume de informações sonoras, as quais são utilizadas para atividades do tipo "Qual é a música?". Nesse caso, quem mais estuda, quem mais sabe, quem mais associa melhor consegue provar que mais aprendeu e, com certeza, dificilmente esquecerá a experiência.

Todo professor que coleciona textos ou *slides* pode organizar uma coleção de fitas com efeitos sonoros que posteriormente explorará em atividades e circunstâncias diversas.

Caso possa reservar cerca de 20 minutos semanais para essas pesquisas, com um gravador em mãos, o professor pode construir um arquivo sonoro extremamente diversificado e original, colhendo depoimentos, sons ambientais, de programas de TV, de filmes e vários outros que depois podem ser incorporados às suas aulas como elemento enriquecedor e extremamente motivador.

Animados por seu professor, alguns alunos podem descobrir, por meio de pesquisa, entrevistas com especialistas e acuidade observadora, as diferentes "línguas faladas" por instrumentos musicais, agrupar essas línguas em "culturas" (percussão, metálica e outras) e inventar diferentes "diálogos" entre instrumentos.

Essa atividade pode estimular comparações com outros tipos de agrupamentos, facilmente constatados nas ciências, matemática, geografia, história ou mesmo elementos da gramática e da sintaxe.

▪ O uso de sucatas

Esta atividade, além de aguçar a sensibilidade para sons e estimular a inteligência musical inerente a cada um, também pode ser uma forma interessante de se explorar habilidades operatórias diversas, como a transformação de sucatas em instrumentos sonoros.

A organização de um coral

O essencial em atividades como esta é explorar a diversidade sonora que pode ser observada pelo som alternativo de diferentes vozes. A rigor, não existe uma expressiva diferença em ler um texto em voz alta ou apresentá-lo através de um coral se o que se busca é apenas o conteúdo exposto; a riqueza da experiência advém justamente do uso de um deles, modulando o tema que se trabalha e explorando, com os recursos da voz, toda a sua intensidade.

Concursos, gincanas e/ou coleções de "colagens" musicais

Esta experiência não tem validade pedagógica se desvinculada do que se busca ensinar. Uma coleção de "colagens" musicais sobre a Região Nordeste, por exemplo, somente terá validade geográfica se expressar referências regionais marcantes e, por essa particularidade, superar um texto escrito. O tradicional e clássico "Asa Branca" revela força pedagógica incontestável, na medida em que expressa a angústia da seca. Sem esse vínculo ao tema, seria apenas uma música interessante, que em nada estaria contribuindo para a aprendizagem significativa do aluno.

Pesquisa textual e musical

É bastante diferente um texto passado a um ator para sua participação em uma novela e o texto que se organiza para uma apresentação audiovisual. Enquanto o primeiro praticamente se encerra com a linguagem escrita, o segundo destaca a fala do locutor, além de informar em coluna ao lado as imagens que serão simultaneamente apresentadas. Os alunos podem exercitar atividades dessa natureza ao organizarem apresentações através de projeção de *slides*, jornais falados e inúmeras outras atividades nas quais duas linguagens diferentes completam a informação transmitida.

A INTELIGÊNCIA CINESTÉSICO-CORPORAL

A inteligência cinestésico-corporal pode ser identificada como uma capacidade para controlar e utilizar o corpo, ou apenas uma parte do mesmo, em tarefas motoras complexas e em situações novas, assim como manipular objetos de forma criativa e diferenciada. É a inteligência que se manifesta na dança, na mímica, na prática esportiva e no uso da linguagem corporal para propósitos de comunicação. Os fatores desenvolvimentistas associados a essa inteligência (força, equilíbrio, destreza, agilidade, flexibilidade, etc.) são notados desde o nascimento, porém evoluem até o início da idade adulta, respondendo à estimulação recebida.

Provavelmente, o maior inimigo dessa inteligência seja o hábito exagerado de se explorar a televisão ou jogos eletrônicos, afastando a criança e o adolescente de quadras, sol, praias, montanhas, caminhadas, bolas, petecas e outros objetos, eventos ou ambientes essenciais à harmonia corporal. As atividades que fazem da linguagem corporal um elemento da aprendizagem são muitas e extremamente diversificadas, mas em sala de aula quase nada se faz, persistindo-se no erro de separar a mente do corpo, a sala de aula da quadra esportiva. A seguir, oferecemos algumas propostas para o uso dessa inteligência em disciplinas curriculares comuns:

▪ Linguagem corporal

Embora não seja uma prática usual, a mímica pode ser um instrumento interessante de construção de saberes, e o uso do corpo para explicar fatos constitui a exploração de uma linguagem diferente, a qual pode reforçar a compreensão do conteúdo ministrado e estimular referências que ajudam a guardá-la na memória de longa duração.

▪ Redação sobre o que se viveu na quadra ou no desempenho de uma atividade artística

Quando os professores de educação física são percebidos pela escola como profissionais imprescindíveis para levar os alunos a descobrirem seu corpo, a respeitarem o próximo, a repudiarem toda forma de violência, a adotarem hábitos saudáveis de higiene e alimentação e a desenvolverem espírito crítico em relação à imposição de padrões de saúde, beleza e estética, é impossível que não descubram no estímulo à inteligência cinestésico-corporal importantes fundamentos que se integram aos conteúdos que ensinam. Uma "redação" sobre o que ocorreu na quadra, evidentemente, é apenas exemplo e muitos outros podem ali ser procurados pelo professor de língua inglesa e de história, geografia e ciências e todos os demais.

▪ Signos e expressões gestuais

Se observarmos algumas pessoas com atenção, não será difícil perceber que quando querem expressar determinadas situações idiomáticas – aspas, parênteses e outras – usam gestos que, nesse caso, atuam como verdadeiros signos. Essa forma de comunicação pode ser ampliada e usada em diferentes disciplinas não com a finalidade recreativa, como à primeira vista se pensa, mas como forma de ampliar o significado de uma expressão e, assim permitir registros mais expressivos na memória de longa duração do aluno. A frase dita de maneira apenas oral pelo professor oferece probabilidades menores de ser lembrada do que a frase que interpõe à fala a presença de signos ou de expressões gestuais.

▪ Teatralização e representações mímicas

Parece inteiramente desnecessário tentar convencer o professor da enorme importância da teatralização como forma de pesquisa e aprendizagem. Os alunos que ensaiam e interpretam e os que assistem, interagem e debatem a peça trabalhada, guardam com muito mais propriedade seus elementos e os ensinamentos que se busca construir. A dificuldade para o desenvolvimento de atividades dessa natureza é o tempo que consome, tanto em seus ensaios quanto em sua apresentação, circunstância que reduz seu uso para apenas alguns eixos temáticos. Tal dificuldade deve ser contornada e jamais servir de impedimento para que o teatro em sala de aula seja pedagogicamente explorado. Contudo, é importante realçar que tais atividades precisam ser cuidadosamente estudadas, que se defina com clareza quais elementos do conteúdo analisado se pretende construir e que o professor ajude os alunos na construção de roteiros, nas seqüências de movimentos associados aos conteúdos a se aprender e, sobretudo, nos debates posteriores à apresentação.

▪ Experiências com danças

É importante resgatar o sentido da dança como forma de linguagem e trazer os seus elementos para a sala de aula. Para a maior parte dos alunos, a dança é geralmente associada ao prazer por seu caráter lúdico. Impossível negar esses fundamentos, mas é sempre importante salientar que em muitas culturas a dança constitui uma forma de protesto, expressão de sentimentos, mensagens de ânimo ou conversas com Deus. Pensando-se a dança através desses recursos, é possível incorporá-la aos poucos à sala de aula e aos temas ministrados.

Com interesse e pesquisa o aluno pode aprofundar a percepção e o conhecimento sobre o uso do movimento como forma de comunicação e idealizar danças para a expressão de temas que habitualmente são apenas trabalhados pela linguagem escrita ou oral.

▪ Atividades que envolvam estudo, pesquisa, análise e compreensão

Os alunos, sobretudo os menores, adoram participar de eventos como gincanas, caça ao tesouro, decifração de mensagens em código e outras situações desse tipo, e este prazer com que participam pode abrigar a necessidade de estudo e assim as etapas das tarefas a serem cumpridas explorarem o sentido de uma verdadeira aprendizagem significativa e o treino de habilidades operatórias. Alguns programas de televisão irritam pela extrema ingenuidade de seus desafios, pela proposição de questões irrelevantes ou pelo fato de apenas a sorte premiar o concorrente, mas nada impede que uma equipe de professores possa organizar uma atividade similar, interdisciplinar ou não, propondo questões relevantes que, ao invés de explorarem a memória, solicitem a verdadeira compreensão, o sentido explícito da análise e da crítica e que, ao invés do prêmio material, trabalhe-se o valor significativo de uma conquista cultural. A organização dessas questões pode ser solicitada aos alunos, desde que criteriosamente avaliada pelos professores, e as regras da participação devem dar mais prioridade à sociabilidade das pesquisas em grupo que à exaltação de algum talento pessoal.

▪ O uso de instrumentos pedagógicos

O professor, em muitas circunstâncias, pode usar a quadra ou o chão da sala de aula para trabalhar diferentes atividades. Não existe lugar mais perfeito para se interpretar uma carta geográfica que o chão da sala; também é possível interpretar ambientes ecológicos, desenvolver maquetes, projetar a rosa-dos-ventos e desenvolver diferentes jogos matemáticos, lingüísticos ou muitos outros onde pratos de papelão podem esconder pistas interessantes e respostas sugestivas.

▪ Associação de fatos científicos e esportivos

Experimente sugerir aos alunos, reunidos em grupo, que idealizem situações da matéria que estudam capazes de serem associadas, por exemplo, a uma corrida de Fórmula 1, um pênalti, uma "cortada" de vôlei, uma cesta de três pontos ou ainda uma série de lances ou cenas de eventos esportivos. É provável que muitos não consigam fazer essa associação; é certo que outros as apresentarão ingênuas e de valor didático extremamente reduzido, mas certamente surgirão algumas surpreendentes por sua criatividade e extremamente significativas pela lógica que abrigam. Essas associações estimulam a aprendizagem significativa e podem ser usadas pelo professor em outras referências ou em outros temas. Mesmo que o resultado do experimento não se mostre inteiramente satisfatório, o simples esforço de uma equipe, de uma dupla, em buscar associação entre o fato estático do livro ou da aula e sua visualização através do movimento imaginado, já representa experiência de valor pedagógico indiscutível.

■ O uso de ferramentas simples

Ao longo deste livro, já enfatizamos a importância imprescindível de o professor literalmente "trazer a rua e a vida" para a sala de aula, fazendo com que seus alunos percebam os fundamentos da matéria que ensina na aplicação da realidade. Construções em argila ou com massa de papel para apresentar o relevo, móbiles ou montagens para estudar o movimento ou perceber o deslocamento do ar, dominós simbolizando prédios de uma cidade ou ponto de referência para a construção de plantas e a compreensão das escalas, construção em papelão ou madeira para reproduzir cenários de batalhas, demonstração da gravidade com bolinhas de gude, explicação da ação das alavancas com um cabo de vassoura, arquitetura de pontes examinadas com folhas dobradas de papel, uso de planos inclinados para simbolizar a velocidade, bolinhas de tamanhos diversos para a estrutura do sistema solar, uma pano colorido no chão da sala mostrando as camadas da Terra, vulcões experimentados com papelão e isopor, experiências de montagem e desmontagem com os olhos vendados, um pequeno fogareiro para explicar a evaporação e um lenço molhado para reforçar seus efeitos, uma forma com gelo para demonstrar a condensação, um relógio de sol para mostrar movimentos planetários, gotas pingadas em papéis diferentes para caracterizar formas de permeabilidade do solo, as estações do ano na observação de algumas espécies vegetais, a germinação percebida e acompanhada em algodão úmido, o valor incontestável de uma coleção de rochas, conchas, folhas, sementes, tipos de solos, o uso de palitos de fósforo ou canudos de refrigerantes para a explicação de equações, embalagens vazias de filmes de fotografia para experiências sonoras, táteis ou sobre os estados de frio ou calor, estudo de anatomia humana em um singelo exercício de aquecimento ou relaxamento ou na avaliação do ritmo cardíaco após breve corrida, a criação de formas geométricas com movimentos do corpo humano, e uma série de atividades, se refletidas e depois idealizadas por uma equipe docente verdadeiramente empenhada, transpostas para um cuidadoso planejamento e uma estruturação de projetos pedagógicos, podem facilmente se traduzir em inúmeros outros recursos que associam a inteligência cinestésico-corporal a outras e estas ao fantástico mundo da ciência, ao delicioso êxtase pelo mundo do saber.

A INTELIGÊNCIA NATURALISTA

A inteligência naturalista está essencialmente ligada à vida animal e vegetal e, por esse motivo, também é conhecida como inteligência biológica ou ecológica. Presente de maneira extremamente marcante em personagens geniais como Darwin, Laplace, Humboldt e outros, manifesta-se em diferentes níveis do jardineiro ao paisagista, do "amante" da natureza ao florista que faz de seu ofício uma paixão. Sua percepção revela-se pela perícia em se identificar membros de uma mesma espécie biológica, reconhecer a existência de diferentes espécies e mapear as relações entre essas, bem como por uma compreensão ampla sobre habitats de espécies e ecossistemas, mesmo que não se domine cientificamente tais conceitos. Estímulos direcionados a essa competência cerebral (alguns pontos do lobo parietal esquerdo são essenciais para se distinguir entre seres vivos e entidades inanimadas) permitem uma maior sensibilidade na descoberta da vida e da morte e uma maior integração a um sentido de beleza, ao mesmo tempo estético e existencial. Manifesta-se com intensidade por volta dos dois ou três anos de idade, quando a criança "encanta-se" com o mundo animal ou vegetal, mas pode acentuar-se em idades posteriores, com experiências, práticas e projetos de uma "alfabetização" naturalista. Conserva-se intensa e ativa pela vida inteira.

Antes de iniciar um projeto de exploração das características naturalistas dos alunos, para usá-las em qualquer disciplina do currículo escolar, é importante que o professor proceda a um verdadeiro inventário sobre quais fatos da natureza seu aluno conhece, que experimentos nessa área realizou, pois serão justamente esses fundamentos os que utilizará para relacionar a inteligência naturalista com as demais, contextualizando-a aos conteúdos que pretende ministrar. Alunos do meio rural ou filhos de profissionais que exerçam ofícios ligados aos elementos da natureza conhecem bem mais alguns fundamentos naturalistas que outros que vivem a aventura urbana. A seguir, sugerimos algumas propostas para o desenvolvimento interdisciplinar desses fundamentos, integrados à transversalidade de eixos temáticos, de qualquer disciplina, curriculares ou não:

▪ Passeio ou excursão pelo campo

Muitos professores acreditam que uma aula de campo ou mesmo uma explanação feita além dos limites das paredes da sala seja viável apenas para ciências ou geografia. Essas disciplinas, é evidente, apresentam temas bem mais plausíveis de serem examinados através de uma excursão, mas se professores de outras disciplinas planejarem eventuais saídas com os alunos e as promoverem como produto de um projeto, com objetivos claramente definidos, com a clara eleição do que procurar e como registrar o que se descobriu, ficarão surpresos de como é possível perceber conteúdos de suas áreas de trabalho nas ruas, na natureza ou nas múltiplas relações interpessoais proporcionadas por essas aulas de campo ou excursões. O importante nessas oportunidades é que o aluno aprenda a ver e descubra o contexto dos fatos percebidos em sala de aula refletido no cotidiano das coisas e da natureza.

▪ A importância de um "diário de observações"

Constitui uma atividade interessante sugerir aos alunos que mantenham consigo um "diários de observações", para que façam registros de fatos colhidos no cotidiano e que guardem relações com a disciplina estudada. Frases ouvidas que permitam análises gramaticais, observações de veículos que permitam a inferência sobre teorias ou leis envolvendo o movimento, polêmicas populares ou divulgadas pela imprensa que retomem fatos analisados em aula, um passeio recreativo que permita a observação das marés e uma série de eventuais ocorrências são interessantes de registrar. Menos importante que o registro do fato em si, o valor da atividade liga-se ao desenvolvimento do hábito de observação do aluno e à circunstância de relacionar os elementos que aprende em aula com referências que verifica em seu meio.

▪ Equipe ou clube de ação naturalista

A escola pode propiciar aos alunos que se organizem em verdadeiros "clubes", dirigidos por eles mesmos e devidamente orientados por um professor. Um desses "clubes" pode ser o da ação naturalista e os próprios alunos estabelecem regras de ação ambiental que lhes cabem exercer dentro e possivelmente fora da sala de aula, trabalhando pelo lixo seletivo, pela preservação e educação ambiental e por inúmeras outras atividades. O trabalho desses "clubes" pode ser levado à sala de aula e desencadear relação curricular: as ciências, por exemplo, podem estudar os problemas ambientais; a matemática, a quantidade de lixo nas vias públicas e seus efeitos; a língua portuguesa, a redação de textos naturalistas, e assim por diante.

▪ A "aventura" da descoberta

Em geral, os alunos vivenciam experiências em suas atividades cotidianas, mas não costumam relacioná-las a fatos apreendidos em aula, e os professores, por sua vez, omitem certas explicações desse mesmo cotidiano por considerá-las banais ou de pleno conhecimento dos alunos. A experiência do convite, para que os alunos, reunidos em dupla ou trio, recolham observações relativas à matéria estudada examinando, por exemplo, a "noite" ou uma "fogueira", o "mar" ou uma "tempestade", o "vento" ou o "nascer do sol", a "feira livre" ou a "fila do ônibus" e extraiam conclusões contextualizáveis ao que aprendem, é sempre bastante interessante.

▪ A natureza em todas as disciplinas

Que conceitos matemáticos podem ser desenvolvidos a partir de um lápis? Esse mesmo lápis pode mostrar a geografia pela árvore que se abateu e o grafite que mobilizou atividades econômicas a partir do extrativismo? É possível fazer uma viagem ao passado baseando-se na história do lápis e seus antecessores? Qual a relação entre o que o lápis escreve e a língua portuguesa? A tinta e o verniz desse lápis vêm de onde?

Perguntas dessa espécie mostram como é simples uma integração de disciplinas em um projeto a partir de um elemento da natureza. A inteligência naturalista pode ser uma ênfase inicial dessas pesquisas e, por seus caminhos, chegar-se a um simples lápis e este revelar-se meio de integração curricular e demonstração de que a escola ensina a vida.

▪ "Como seu mestre mandar" a serviço da aprendizagem

A exploração de um espaço e de suas transformações – causadas ou não pelo homem – e o uso dessas transformações para se explicar proporções, grandezas ou outras referências matemáticas, elementos do idioma e sua relação com a língua portuguesa, o espaço e seu meio natural e social para a geografia, o momento e suas relações com outros momentos para a história, os desafios da vida e as explicações trazidas pelas ciências, pode ter início com o jogo conhecido por "Como seu mestre mandar", em que o professor, à frente dos alunos, vai elaborando questões, propondo desafios, colhendo elementos da natureza e sendo acompanhado por estudantes que depois participarão de um interessante debate sobre a experiência de tais descobertas.

■ A natureza e o homem sempre e em todo lugar

Através da natureza é possível perceber-se a geometria, mas a proposta inversa é interessante e altamente formativa: é essencial que se descubra a natureza na matemática, que o relato de outros tempos e de outros momentos da história possa relacionar o homem à natureza, que a sensibilidade naturalista acompanhe sempre o olhar do aluno, não importando qual a disciplina escolar esteja dando direções a esse olhar.

■ Desenvolvimento da sensibilidade em "ver"

O professor, pela essência de seu trabalho, assume muitas vezes de maneira inconsciente uma maneira "diferente de olhar". O olhar de uma professora ou de um professor de geografia para uma paisagem qualquer, mesmo que em uma atividade não-profissional, é sempre um olhar diferenciado do exercido por outro profissional. O mesmo poderia ser dito sobre o olhar do pintor, do arquiteto, do químico, do físico, do matemático, do filólogo, do historiador, etc. Contudo, infelizmente, poucos professores empenham-se em *ajudar seus alunos a ver*, relatando a maneira como percebem o ambiente. Representa uma importante ajuda para a inteligência naturalista a prática de exercícios como esses; em verdade, acreditamos que a primeira aula do ano de qualquer disciplina deveria ser um convite, com o objetivo de mostrar ao aluno como uma mesma cena é observada por olhos educados e por outros que jamais se educaram.

AS INTELIGÊNCIAS PESSOAIS

As inteligências pessoais completam o elenco descrito por Howard Gardner, de Harvard, ainda que outros como Nilson José Machado, da Universidade de São Paulo, aceitem a existência da inteligência pictórica ou pictográfica. As inteligências pessoais podem ser divididas em *intrapessoal*, ligada ao autoconhecimento, à percepção da própria identidade e, conseqüentemente, à auto-estima e à compreensão plena do "eu" e também à capacidade de discernir e discriminar as próprias emoções; é, por assim dizer, uma "inteligência interior"; e em *interpessoal*, associada à empatia, à relação com o outro e sua plena descoberta, à "abertura" para responder adequadamente aos temperamentos, estados de humor, motivações e desejos de outras pessoas, colocando-se como uma inteligência "externa ou para fora". As áreas cerebrais básicas de sua ação alcançam os lobos frontais e temporais, especialmente do hemisfério direito, e o sistema límbico para a interpessoal e os lobos frontais, parietais e sistema límbico para a intrapessoal. Embora essas inteligências manifestem-se, ao que tudo indica, desde a vida intra-uterina e a formação das "fronteiras do eu e do outro" ainda nos três primeiros anos de vida, é por volta dos 11 ou 12 anos, no período das operações formais de Piaget, que o pré-adolescente alcança uma relativa autonomia sobre valores e sobre a moralidade.

A importância do envolvimento da aprendizagem com a emoção constitui hoje um argumento incontestável. Nossas lembranças associadas a quadros emocionais críticos – positivos ou negativos – são as que melhor ficam retidas na memória de longa duração e conseqüente aprendizagem significativa e, assim, cada vez mais se define como missão de todo professor ser um agente de relações interpessoais. Mesmo reconhecendo que uma ampla capacitação emocional do aluno necessite de um projeto específico, sugerimos algumas estratégias a seguir para seu uso, em sala de aula, em todas as disciplinas do currículo.

▪ Promoção de "círculos de debates"
Os círculos de debates não necessitam abandonar o conteúdo específico que se aprende em determinada disciplina, até mesmo devem circunscrever-se a ele, mas essa circunstância não pode impedir que ao lado de análises do conteúdo solicite-se uma questão que explore uma posição emocional do aluno e a oportunidade de dar-se a conhecer melhor por seus colegas. Uma outra atividade não muito diferente são as discussões "em aquário" com os alunos, revezando-se na condição ora de expositores ora de observadores.

▪ Ética e respeito às inteligências pessoais
Não é difícil ao professor de história estudar a ética nas guerras que relata, nem ao professor de geografia exaltá-la nos contrastes sociais que descreve. Menos difícil ainda é perceber a

ética nos números estatísticos e contrastantes que a matemática, se quiser, pode explorar, ou no modo de se usar a língua portuguesa, desde que bem trabalhado pelo professor de português. No entanto, ainda mais importante que descobrir nos temas que trabalha as maneiras de se falar de solidariedade, de ética e, portanto, "do outro", é cuidar para se fazer de algumas aulas uma magnífica lição de democracia e respeito. Dentro da sala de aula o professor cobra o respeito mútuo? Suas advertências são dirigidas ao ato incorreto e não apenas à pessoa que o exerceu? Suas avaliações buscam a clareza da justiça? Os trabalhos em grupo que propõe enfatizam a solidariedade?

Toda sala de aula, em função das etnias, religiões e culturas que geralmente abriga, constitui um espaço excelente para um consciente exercício ético, meio indispensável de respeito à auto-estima, inteligência intrapessoal, e empatia, inteligência interpessoal.

▪ Estímulo para a autocrítica

Inúmeras vezes, um tema de história, uma análise geográfica de uma referência social, a discussão sobre os conflitos interpessoais de um escritor ou um personagem da literatura ou ainda de aspectos da vida e da obra de um grande cientista oferecem excelente oportunidade para que os alunos possam usar essas referências para mostrarem seu lado interior, para opinarem a sensibilidade com que percebem as emoções e os sentimentos que valorizam e, muitas vezes, para a partir dessas referências, iniciarem campanhas de solidariedade, missões de apoio ou inúmeros outros projetos de intervenção social. Quando o professor, após uma análise factual relativa aos temas que desenvolve, propõe desafios do tipo "O que faríamos em seu lugar?", "Como resolveríamos esse problema?" está, sem se afastar dos propósitos do conteúdo trabalhado, abrindo espaços para uma maior sensibilidade emocional dos alunos.

▪ Coleção de "casos" para seu estudo e discussão em sala de aula

Esses "casos" reais ou fictícios, sempre que possível, devem gerar polêmicas e permitir aos alunos depoimentos pessoais. O professor, como mediador, jamais deve assumir a concepção de "detentor da verdade" e fazer os alunos acreditarem que "suas" opiniões sejam mais valiosas, mais corretas ou mais verdadeiras que aquela que os alunos apresentam. Estudos de caso podem fornecer um excelente diagnóstico das referências emocionais dos alunos e estas servirem de "âncora" para, conhecendo-os melhor, mais facilmente buscar em seus saberes os fundamentos dos conteúdos que desenvolverá. Uma prova ou uma redação, um trabalho oral ou escrito, pode exercitar indagações que simbolizem verdadeira "janelas emocionais" da classe com que se trabalha.

▪ O valor de um texto na interpretação de sentimentos

Quando solicitamos aos alunos que escrevam textos sobre quem são, o que os faz felizes ou tristes, de quem e de que gostam, que valores apreciam, quais práticas sociais condenam e ainda outras questões intimistas, estamos ao mesmo tempo permitindo-lhes uma reflexão sobre "sua individualidade" e, portanto, sua compreensão mais ampla do "eu". Além disso, estamos colhendo um material precioso para, ao conhecer melhor o aluno, estabelecermos linhas de trabalho docente que possam orientá-los mais claramente. Muitas vezes, nessas redações – ainda que propiciadas pelo professor ou pela professora de língua portuguesa – surgem revelações que permitem a ação solidária do professor ou da professora de história, da professora ou do professor de educação física.

▪ A importância da revisão dos conteúdos curriculares

Em qual item da programação do professor é desenvolvida a compreensão do conceito de justiça e a necessidade da construção de uma sociedade fraterna? Em qual capítulo melhor se trabalha o respeito às diferenças entre as pessoas? Quando se constrói a auto-imagem do aluno e se legitimam as normas morais que garantam essa imagem? Em quais oportunidades se pratica a solidariedade e a rejeição às discriminações? Quando se ensina a assumir posições, considerando a existência de diferentes pontos de vista e diferentes ângulos que toda questão envolve? Se esses itens, e naturalmente muitos outros que envolvem fundamentos cívicos e éticos, não integram o currículo, torna-se urgente a mudança do mesmo para essa inadiável inclusão. É evidente que a mesma não deve "substituir" este ou aquele item trabalhado: não se trata de extrair o ensino da raiz quadrada para se falar de ética, mas de descobrir quando se ministram as oportunidades para a abordagem e a construção desses valores.

Essas idéias são pluricurriculares, multidisciplinares ou o nome que se pretenda atribuir a elas. O essencial é que integrem o currículo de todas as disciplinas, e estejam presentes em toda a matéria ensinada.

▪ Dramatização de um estudo de caso

Toda dramatização escolar deve necessariamente envolver o tema que se ensina e as emoções que o abrigam e jamais se encerrar sem uma discussão aberta, um amplo debate sobre o que se viu e o que foi possível aprender.

A contextualização de notícias da televisão ou de jornais para assuntos do cotidiano pode estimular interessantes teatralizações ou ainda explanações sobre sentimentos e emoções.

Os alunos também podem ser estimulados a criarem seus diários emocionais e a mantê-los "secretos"; sua validade como meio de autoconhecimento é indiscutível.

▪ Envolvimento dos alunos em campanhas filantrópicas

É impossível negar a importância do trabalho voluntário e qual lugar é melhor que a escola para que os alunos sejam entusiasmados por essa missão? Toda vez que um conteúdo, ainda que parcialmente, resvalar pela possibilidade da ação voluntária, pelo envolvimento filantrópico do aluno, é importante que o professor possa sugerir essas iniciativas, mostrar esse caminhos? A ajuda a necessitados ou a participação em projetos ambientais estimulam as inteligências pessoais, integram os alunos e despertam sua sociabilidade, sobretudo se ajudados por seus professores.

▪ O esporte e as brincadeiras de rua como medida de avaliação da solidariedade

É sempre interessante desenvolver em sala de aula, através de uma atividade multidisciplinar, "estudos de caso" e por meio de sua discussão estabelecer linhas de procedimento ético, "campanhas por um milhão de amigos" e projetos de desenvolvimento de solidariedade. Muitas vezes, os "casos" para análise não precisam ser "importados", mas nascer na própria escola após a realização de um torneio esportivo interno, no qual se desenvolvam esportes tradicionais ou mesmo atividades que restaurem a história das brincadeiras de rua, como peteca, queimada, torneio de pipas, bolinhas de gude, etc. A avaliação

PARA REFLETIR

E POR FALAR, FALAR, FALAR, FALAR EM DISCIPLINA...

Rosana tem 11 anos. É uma menina alegre, entusiasta, curiosa. Sua alegria de viver é irradiante e espalha-se por seus gestos, sua fala, seus movimentos, enfim, por todas as sua linguagens.

Na escola, Rosana não vai bem. Seus professores da 5ª série reafirmam o que já diziam seus colegas de séries anteriores: Rosana é inteligente, mas é indisciplinada; aprende com facilidade e acrescenta sempre novos saberes, mas não pára quieta em sala de aula.

Inúmeras vezes advertida, parece imune às broncas e, cansados de reiteradas reclamações, seus pais até pensam em mudá-la de escola. Como resolver o problema de Rosana?

Em primeiro lugar seria o caso de saber se a menina realmente tem algum problema. Ela gosta de conversar com as amigas, mas quem não gosta? Será que seus professores, se obrigados a permanecerem calados durante muitas horas ao lado de pessoas que estimam, não conversariam? Será que seus pais podem acreditar que existem méritos incomensuráveis no silêncio, quando toda mídia clama pela importância da expressão, das linguagens, da solidariedade e da empatia que nasce dos bate-papos?

Será que Rosana está sendo adestrada para o novo mundo virtual, em que através da internet as pessoas podem falar desde que não conversem? Enfim, será que querer comunicar-se com amigos, ao invés de se ouvir discursos nem sempre contextualizados à realidade, ao mundo, é um pecado tão grave assim? Será que os gregos estavam errados de considerar anti-sociais todos os que, taciturnos, fugiam da conversa?

A pergunta abriga duas respostas. A primeira é que a mais vigorosa forma de estimulação da inteligência lingüística e, por seus caminhos, de muitas outras mais está em falar, construir sentenças, idealizar metáforas, organizar sintaxes ou, para expressar em uma palavra, "conversar", conversar muito, conversar sempre. A segunda é que constitui um absurdo para um educador confundir conversa com indisciplina, embora quase universalmente essa confusão ocorra e violente os alunos. Uma das investigações mais amplas sobre as relações professor-aluno, realizadas recentemente nas escolas britânicas, mostra que a grande maioria dos problemas de "indisciplina" reduz-se à sensível modalidade de se pretender que os alunos se calem, quando na vida social essa pretensão segue caminhos opostos ao seu verdadeiro estímulo.

A pesquisa britânica não foi desenvolvida no Brasil. E, sinceramente, precisaria?

desses torneios e a força com que opõem rivalidade e forjam solidariedade permitem estudos de caso muito ricos e intensa exploração das habilidades sociais.

■ A classe constrói as linhas de sua "missão"

É mais ou menos comum em muitos países da Europa, nos Estados Unidos e no Japão e, mais recentemente, no Brasil, algumas grandes empresas fixarem em local de fácil visibilidade qual sua "missão", sintetizando seus objetivos mais prementes, suas metas mais explícitas, seu compromisso social. Essa preocupação, longe de expressar apenas um sentimento mercadológico, visa a criar em todo funcionário e em todo cliente uma consciência da razão de pertencer àquela organização e das metas que propõe buscar, abrindo-se para a crítica construtiva constante. Não seria interessante que cada escola, cada sala de aula, pudesse ter "sua missão" assim estabelecida? É evidente que o projeto não é de realização imediatista, mesmo porque, se assim for construído, será rapidamente esquecido, mas deve nascer de uma discussão profunda, pesquisa inadiável, busca insistente de professores e alunos construindo, passo a passo, cada palavra dessa sentença que, mais que uma meta, expressará uma razão de existência.

■ Propostas para um debate sobre valores ou virtudes

Na escola, geralmente pouco se fala sobre bondade, justiça, solidariedade, prestatividade, empatia, cooperação, ajuda e várias outras idéias ligadas a valores. Os conteúdos ministrados, no entanto, muitas vezes podem exaltar tais sentimentos e provocar debates, discussões, trocas de pontos de vista. Nesse contexto, é importante que o professor, em primeiro lugar, possa pesquisar nos temas que trabalha a eminência desses valores, posto que os mesmos nem sempre são exaltados nos textos didáticos e, em segundo lugar, que saiba assumir nos debates uma postura de imparcialidade que favoreça a liberdade de expressão dos alunos. Estes não desejam um "conselheiro" que a todo instante diga-lhes como caminhar, mas anseiam por verdadeiros "companheiros", que sejam bons ouvintes de suas idéias e capazes de manifestar uma opinião imparcial e sincera, se solicitada.

■ **Valorização de bons exemplos e discussões sobre pessoas de participação relevante na história da comunidade**

Não é fácil e nem sempre inteiramente possível trazer exemplos vivos da comunidade de pessoas que tenham uma história de vida ou procedimentos que mereçam ser conhecidos e discutidos por todos e, bem mais difícil ainda, que tais pessoas possam estar ligadas à química ou à biologia, à língua portuguesa e à geografia. Porém, o reconhecimento dessas dificuldades deve ser visto pelo professor como um desafio para sua reflexão. Não podemos envolver os alunos nessa busca? Será que essas pessoas realmente não existem? Será que entre os ex-alunos, ex-funcionários, ou ex-professores não será possível encontrar alguém? Será que aquele nome de rua, avenida, estabelecimento ou praça, após uma pesquisa, não pode facilitar tal resgate? Será verdadeiramente impossível existir na história de uma determinada disciplina esses personagens? Pela natureza das perguntas, é possível avaliar a existência de caminhos, mesmo que estes não sejam encontrados. Um comentário do professor sobre essa sua busca já revela sua preocupação em envolver o que ensina por gestos de solidariedade. Existe um aforismo popular que ensina "mais vale os desafios da jornada que o aconchego da estalagem".

■ **A importância da sugestão sobre a criação de projetos de ação social**

Imaginem a professora entrando em sala de aula, independentemente da disciplina que ministra, e apresentando um recorte de jornal faça o seguinte comentário: "Vocês leram sobre a tragédia das últimas enchentes?" "Seria possível fazer alguma coisa? Alguém tem alguma sugestão?". É importante ressaltar que o papel do educador não é o de forjar apenas situações assistencialistas e, menos ainda, o de fazer com que os alunos pensem que cabe à sociedade, e não ao Estado, as responsabilidades do atendimento. Ao contrário, o fortalecimento dessa constatação política é essencial, mas, ao nosso ver, não impede ou inviabiliza um esforço de consciente mobilização. Não devemos mostrar aos alunos apenas os extremos polêmicos que envolve toda ação solidária, todo gesto de uma ajuda.

Portanto, não se trata apenas de solicitar ao aluno que traga um quilo de feijão e virar as costas a um verdadeiro envolvimento cívico, nem mesmo criar uma festa junina com um agasalho como ingresso e promover um verdadeiro "carnaval" na entrega do que foi arrecadado. Nem por isso, é bom lembrar, esse quilo de feijão e esse agasalho deixam de ter algum valor. Nessa hora, é importante que o professor possa mostrar os dois lados de uma grande ação, resgatando a consciência cívica da dimensão integral da responsabilidade social. A circunstância do atendimento imediato que diminui por instante o mal tem alguma importância pedagógica, mas bem mais importante que possíveis resultados materiais é o valor interpessoal que emerge do voluntariado persistente e permanente, do projeto de envolvimento solidário, que torna o imediato perene.

12
À GUISA DE CONCLUSÃO

São duas sensações extremas e conflitantes vivenciadas quando se inicia a escrita de um livro e, três a quatro meses depois, quando se realiza o ato da entrega.

A primeira é geralmente de euforia, entusiasmo, satisfação, envolvendo o convite da editora, sempre honroso e estimulante, e as animadas discussões do projeto referentes à obra que nascerá. É quase a mesma sensação de amor que embala e acalenta o nascimento de um filho.

Não é igual a sensação que se tem quando os originais são entregues. Obra concluída, fica a dúvida se tudo quanto se planejou foi dito, se o que se sonhava apresentar foi efetivamente exposto e se houve clareza, lucidez, objetividade. A sensação é de quem se entrega ao público, de quem se atira ao destino.

Por esse motivo, não considero que as palavras finais de uma obra concluída possam ser de otimismo, de incontestável segurança e solidez. Quando muito a anima uma tímida esperança. No entanto, essa esperança é imensa e corporifica-se na vontade de que o livro possa ser útil, de que suas idéias possam construir passos e de que suas páginas sejam companheiras do cotidiano, dos sonhos e das realizações. E é essencial que se tenha essa esperança. Por acaso, esta obra não foi escrita para professores?

Sabemos que muitos aspectos imperfeitos permeiam a educação no Brasil; conhecemos, na extensão formidável de seus limites, os limites do que se necessita e do que se pode fazer. Acreditamos, porém, que é possível mudar. Não a mudança trazida por atos, normas, decretos; não a mudança imposta por quem, da refrigerada sala de Brasília, reflete sobre a escola da palafita, pensa nas aulas noturnas ministradas nas favelas. A mudança que sonhamos, aquela que fortalece nossa esperança, é a mudança levada à sala de aula pela ação e pela alma do professor.

    Convive nessa alma, ao lado da extrema limitação de sua possibilidade, os incomensuráveis devaneios de sua esperança, da minha esperança.

REFERÊNCIAS BIBLIOGRÁFICAS

ANTUNES, C. *A construção do afeto*. São Paulo: Editora Augustus, 1999.
___ . *A grande jogada: manual construtivista sobre como estudar*. São Paulo: Vozes, 1997.
___ . *A sala de aula de geografia e história*. Campinas: Papirus, 2001.
___ . *A teoria das inteligências libertadoras*. 2.ed. Petrópolis: Vozes, 2000.
___ . *Jogos para a estimulação das múltiplas inteligências*. 7.ed. Petrópolis: Vozes, 1998.
___ . *Manual de técnicas de dinâmica de grupo, de ludopedagogia e de sensibilização*. 20.ed. Petrópolis: Vozes, 1997.
___ . *Miopia da atenção: problemas de atenção e hiperatividade em sala de aula*. São Paulo: Salesiana, 2001. (Coleção Educação, Aprendizagem e Cognição).
ARMSTRONG, T. *Inteligências múltiplas em sala de aula*. 2.ed. Porto Alegre: Artmed, 2001.
AUSUBEL, D.P.; NOVAK, J.; HANESIAN, H. *Psicologia educacional*. 2.ed. Editora Interamericana, 1980.
BANKS-LEITE, L.; GALVÃO, I. *A educação de um selvagem: as experiências pedagógicas de Jean Itard*. São Paulo: Cortez, 2001.
BAQUERO, R. *Vigotsky e a aprendizagem escolar*. Porto Alegre: Artes Médicas (Artmed), 1998.
BERNARDO, G. *Educação pelo argumento*. Porto Alegre: Artmed, 2000.
BODEN, Margareth. *Dimensões da criatividade*. Porto Alegre: Artes Médicas (Artmed), 1998.
BONO, Edward de. *O pensamento lateral*. 2.ed. Rio de Janeiro: Record/Nova Era, 1967.
BOVET, M.; INHELDER, B.; SINCLAIR, H. *Aprendizagens e estruturas do conhecimento*. São Paulo: Saraiva, 1977.
BRUNER, J. *Uma nova teoria da aprendizagem*. Rio de Janeiro: Bloch, 1969.
CALVIN, W.H. *Como o cérebro pensa*. Rio de Janeiro: Rocco/Ciência Atual, 1998.
CAMPBELL, L.; CAMPBELL, B.; DICKINSON, D. *Ensino e aprendizagem por meio das inteligências múltiplas*. 2.ed. Porto Alegre: Artmed, 2000.
CHOMSKY, N. *Linguagem e mente*. Brasília: Ed.UnB, 1998.
DAMÁSIO, A. *O erro de descartes*. 3.reim. São Paulo: Companhia das Letras, 1998.
Del NERO, H.S. *O sitio da mente*. São Paulo: Collegium Cognitio, 1997.

DIAMOND, M.; HOPSON, J. *Árvores maravilhosas da mente*. Rio de Janeiro: Campus, 2000.
ELIAS, M.D.C.; FREINET, C. *Uma pedagogia de atividade e cooperação*. Petrópolis: Vozes, 1997.
EM DESAROLLO DE LOS PROCESSOS PSICOLÓGICOS SUPERIORES. Barcelona: Editorial Critica, 1979.
FONSECA, V. da. *Aprender a aprender*. Porto Alegre: Artes Médicas (Artmed), 1998.
FREIRE, P. *Educação como prática de liberdade*. 23.ed. São Paulo: Paz e Terra, 1999.
GARDNER, H. *Arte, mente e cerebro – uma abordagem cognitiva da aprendizagem*. Porto Alegre: Artmed, 1999.
___ . *Inteligência: um conceito reformulado*. São Paulo: Objetiva, 2000.
___ . *Mentes que criam*. Porto Alegre: Artes Médicas (Artmed), 1996.
GARDNER, H. et al. *Projeto spectrum – a teoria das inteligências múltiplas na educação infantil*. Porto Alegre: Artmed, 2001. v. 1 e 2.
GRANATO, M.A.G. et al. *El juego en processo de aprendizagem*. Buenos Aires: Humanitas, 1992.
LeDOUX, J. *O cérebro emocional*. Rio de Janeiro: Objetiva, 1998.
MECACCI, L. *Conhecendo o cérebro*. São Paulo: Nobel, 1987.
MOREIRA, M.A. *Aprendizagem significativa*. Brasília: Ed. UnB, 1999.
ONRUBIA, J. Ensinar: criar zonas de desenvolvimento proximal e nelas intervir. In: COLL, C. et al. *O construtivismo em sala de aula*. 5.ed. São Paulo: Ática, 1998.
ORNSTEIN, R. *A mente certa: o lado direito do cérebro*. Rio de Janeiro: Campus, 1998.
PERRENOUD, P. *Construir as competências desde a escola*. Porto Alegre: Artmed, 1999.
PERRENOUD, P.; PAQUAY, L.; CHARLIER. E. (Orgs.). *Formando professores profissionais: quais estratégias? quais competências*. Porto Alegre: Artmed, 2001.
PIAGET, J. *O nascimento da inteligência na criança*. Rio de Janeiro: Zahar, 1970.
PINKER, S. *Como a mente funciona*. São Paulo: Companhia da Letras, 1998.
RONCA, A.C.C.; ESCOBAR, V.F. *Técnicas pedagógicas*. 2.ed. Petrópolis: Vozes, 1982.
VIGOTSKY, L.S. *A formação social da mente*. São Paulo: Martins Fontes, 1996.
ZABALA, A. *A prática educativa: como ensinar*. Porto Alegre: Artmed, 2000.